W0236118

Das Alter hat keinen guten Ruf, dabei kann es doch so unglaublich bereichernd und beglückend sein. Man muß es nur anpacken! *Man braucht ein ganzes Leben, um jung zu werden* erzählt von der Vielfalt und dem Reichtum der besten Jahre.

Dieser Band präsentiert eine unterhaltsame Sammlung philosophischer und literarischer Betrachtungen über die Herausforderungen eines langen Lebens. Sie alle preisen Güte, Lebenserfahrung und schöpferisches Potential des Alters, erzählen von einem 87jährigen Holocaust-Überlebenden, der in New York ein Restaurant eröffnet, und einer Pariserin, die mit über siebzig Jahren die Liebe ihres Lebens entdeckt und damit beweist, daß wahre Schönheit kein Alter kennt. Aber auch die Überlegungen Ciceros zur geistigen Fruchtbarkeit des Alters, Jonathan Swifts überaus kluge »Entschließungen für das Alter« oder Lin Yutangs Ausführungen über die chinesische Hochachtung vor den Betagten belegen, daß Alter nicht nur älter werden, sondern immer und überall auch Erneuerung und Entwicklung bedeutet.

Ursula Gräfe, geboren 1956 in Frankfurt am Main, studierte Japanologie und Anglistik und arbeitet seit 1988 als Literaturübersetzerin. Sie lebt in Frankfurt am Main.

insel taschenbuch 4088
Man braucht ein ganzes Leben,
um jung zu werden

Man braucht ein ganzes Leben, um jung zu werden

Ausgewählt von Ursula Gräfe

Insel Verlag

Umschlagfoto: Thomas Northcut / Getty Images

insel taschenbuch 4088
Erste Auflage 2011
© Insel Verlag Berlin 2010
Alle Rechte vorbehalten, insbesondere das der Übersetzung,
des öffentlichen Vortrags sowie der Übertragung
durch Rundfunk und Fernsehen, auch einzelner Teile.
Kein Teil des Werkes darf in irgendeiner Form
(durch Fotografie, Mikrofilm oder andere Verfahren)
ohne schriftliche Genehmigung des Verlages reproduziert
oder unter Verwendung elektronischer Systeme
verarbeitet, vervielfältigt oder verbreitet werden.
Quellenhinweise am Schluß des Bandes
Vertrieb durch den Suhrkamp Taschenbuch Verlag
Umschlaggestaltung: bürosüd, München
Satz: Hümmer GmbH, Waldbüttelbrunn
Druck: CPI – Ebner & Spiegel, Ulm
Printed in Germany
ISBN 978-3-458-35788-9

1 2 3 4 5 6 – 16 15 14 13 12 11

Inhalt

OSCAR WILDE

Körper und Seele

Die Seele ist alt geboren und wird jung. Das ist die Komödie des Lebens. Der Körper wird jung geboren und wird alt. Das ist die Tragödie des Lebens.

NOËLLE CHÂTELET

Die Dame in Blau

Mireille geht durch die Stadt. Sie läßt sich von der Strömung tragen, vom unaufhörlichen Menschenstrom. Nichts treibt sie zur Eile an, nichts zwingt sie, den Rhythmus einzuhalten, doch sie tut es. Das ist so. Das war schon immer so.

Weiter vorn auf dem breiten Boulevard gerät der Strom ins Stocken. Irgend etwas behindert seinen Fluß. Man kommt nicht mehr von der Stelle. Die naturgegebene Ordnung, der Rhythmus sind in Gefahr. Einen Umweg oder ein anderes Tempo, weil irgend etwas den Weg versperrt, den Strom behindert, niemand hat das um diese Zeit gern.

Jetzt erreicht auch Mireille dieses Irgendetwas. Überraschung: eine alte Dame.

Ist etwa dieses winzige Wesen an der Verzögerung schuld?

Mireille läßt sich überholen. Die Leute gehen an ihr vorbei, werfen einen wütenden Blick auf die Schrittverderberin, dann gehen sie schneller, fest entschlossen, sich dem

Strom wieder anzuschließen, aufzuholen, das Tempo, den allgemeinen Schwung wiederzufinden, als hätten sie sich abgesprochen, als verfolgten sie dasselbe Ziel.

Mireille zögert. Verlangsamt den Schritt. Zu behaupten, der Gedanke sei ihr gekommen, wäre übertrieben. Eher ein Impuls. Ein Impuls drängt sie plötzlich, sich dem Gang der unerschütterlichen alten Dame anzupassen, die neben ihr geht und bedächtig ein Bein vor das andere setzt, sehr gewissenhaft, schön im Takt, mit wohlbemessenem Druck des Fußes auf den Gehweg und sanftem Wiegen des Körpers, den Kopf ein wenig geneigt, als lausche sie dem gleichmäßigen Rascheln ihres dunkelblauen Kleids aus Seidenkrepp, wenn es die hellen Baumwollstrümpfe streift. Das weiße Haar, das im Nacken unter dem ebenfalls blauen Hut zu einem Knoten geflochten ist, die zu der kleinen Handtasche aus geflochtenem Leder passenden Netzhandschuhe, alles ist sorgsam bedacht, damit es ein eleganter Spaziergang wird.

Die alte Dame in Blau geht gemessenen Schritts, von einer gewissen Würde erfüllt, ohne die Hektik rings um sie her zu beachten. Sie schlendert betont, wenn auch ohne Aggressivität, während die anderen rennen.

Mireille hat sich nach und nach dem Gang der alten Dame angepaßt. Sie hat den Schritt gewechselt, ihr eigenes Wiegen gesucht. Jeder ihrer Schritte wird zu einem neuen Genuß. Die Langsamkeit verleiht ihnen einen ungewohnten Reiz.

Lange geht Mireille so in den Fußstapfen der ungewöhnlichen Spaziergängerin. Sie genießt diese Verlangsamung, macht sie sich zu eigen.

Doch dann kommt Mireille an die Ecke ihrer Straße. Sie

muß sich von der alten Dame trennen. Sie hält inne, zögert noch einmal. Hat ihre heimliche Weggefährtin dieses Zögern bemerkt? Auf jeden Fall wendet sie jetzt den Kopf.

Der kurze, kaum wahrnehmbare Blick, den sie Mireille zuwirft, gleicht einem Lächeln und das Lächeln einer Zustimmung. Zustimmung wozu?

Mireille erwidert spontan das Lächeln. Auch sie stimmt zu. Doch wozu?

Dann holt sie tief Luft und biegt um die Ecke.

Das war es.

Mireille geht bedächtig, schön im Takt, mit wohlbemessenem Druck des Fußes auf den Gehweg und sanftem Wiegen des Körpers, den Kopf ein wenig geneigt, als lausche sie.

FRIEDRICH NIETZSCHE

Die drei Verwandlungen

Drei Verwandlungen nenne ich euch des Geistes: wie der Geist zum Kamele wird, und zum Löwen das Kamel, und zum Kinde zuletzt der Löwe.

Vieles Schwere gibt es dem Geiste, dem starken, tragsamen Geiste, dem Ehrfurcht innewohnt: nach dem Schweren und Schwersten verlangt seine Stärke.

Was ist schwer? so fragt der tragsame Geist, so kniet er nieder, dem Kamele gleich, und will gut beladen sein.

Was ist das Schwerste, ihr Helden? so fragt der tragsame Geist, daß ich es auf mich nehme und meiner Stärke froh werde.

Ist es nicht das: sich erniedrigen, um seinem Hochmut wehe zu tun? Seine Torheit leuchten lassen, um seiner Weisheit zu spotten?

Oder ist es das: von unserer Sache scheiden, wenn sie ihren Sieg feiert? Auf hohe Berge steigen, um den Versucher zu versuchen?

Oder ist es das: sich von Eicheln und Gras der Erkenntnis nähren und um der Wahrheit willen an der Seele Hunger leiden?

Oder ist es das: krank sein und die Tröster heimschicken und mit Tauben Freundschaft schließen, die niemals hören, was du willst?

Oder ist es das: in schmutziges Wasser steigen, wenn es das Wasser der Wahrheit ist, und kalte Frösche und heiße Kröten nicht von sich weisen?

Oder ist es das: die lieben, die uns verachten, und dem Gespenste die Hand reichen, wenn es uns fürchten machen will?

Alles diess Schwerste nimmt der tragsame Geist auf sich: dem Kamele gleich, das beladen in die Wüste eilt, also eilt er in seine Wüste.

Aber in der einsamsten Wüste geschieht die zweite Verwandlung: zum Löwen wird hier der Geist, Freiheit will er sich erbeuten und Herr sein in seiner eignen Wüste.

Seinen letzten Herrn sucht er sich hier: feind will er ihm werden und seinem letzten Gotte, um Sieg will er mit dem großen Drachen ringen.

Welches ist der große Drache, den der Geist nicht mehr Herr und Gott heißen mag? »Du-sollst« heißt der große Drache. Aber der Geist des Löwen sagt »Ich will«.

»Du-sollst« liegt ihm am Wege, goldfunkelnd, ein Schuppenthier, und auf jeder Schuppe glänzt golden »Du-sollst!«

Tausendjährige Werte glänzen an diesen Schuppen, und also spricht der mächtigste aller Drachen »aller Wert der Dinge – der glänzt an mir.«

Aller Wert ward schon geschaffen, und aller geschaffene Wert – das bin ich. Wahrlich, es soll kein »Ich will mehr geben!« Also spricht der Drache.

Meine Brüder, wozu bedarf es des Löwen im Geiste? Was genügt nicht das lastbare Tier, das entsagt und ehrfürchtig ist?

Neue Werte schaffen – das vermag auch der Löwe noch nicht: aber Freiheit sich schaffen zu neuem Schaffen – das vermag die Macht des Löwen.

Freiheit sich schaffen und ein heiliges Nein auch vor der Pflicht: dazu, meine Brüder bedarf es des Löwen.

Recht sich nehmen zu neuen Werten – das ist das furchtbarste Nehmen für einen tragsamen und ehrfürchtigen Geist. Wahrlich, ein Rauben ist es ihm und eines raubenden Tieres Sache.

Als sein Heiligstes liebte er einst das »Du-sollst«: nun muß er Wahn und Willkür auch noch im Heiligsten finden, daß er sich Freiheit raube von seiner Liebe: des Löwen bedarf es zu diesem Raube.

Aber sagt, meine Brüder, was vermag noch das Kind, das auch der Löwe nicht vermochte? Was muß der raubende Löwe auch noch zum Kinde werden?

Unschuld ist das Kind und Vergessen, ein Neubeginnen, ein Spiel, ein aus sich rollendes Rad, eine erste Bewegung, ein heiliges Ja-sagen.

Ja, zum Spiele des Schaffens, meine Brüder, bedarf es eines heiligen Ja-sagens: *seinen* Willen will nun der Geist, *seine* Welt gewinnt sich der Weltverlorene.

Drei Verwandlungen nannte ich euch des Geistes: wie der Geist zum Kamele ward, und zum Löwen das Kamel, und der Löwe zuletzt zum Kinde.

Also sprach Zarathustra. Und damals weilte er in der Stadt, welche genannt wird: die bunte Kuh.

BERTOLT BRECHT
Wechsel der Dinge

I

Und ich war alt, und ich war jung zu Zeiten
War alt am Morgen und am Abend jung
Und war ein Kind, erinnernd Traurigkeiten
Und war ein Greis ohne Erinnerung.

II

War traurig, wann ich jung war
Bin traurig, nun ich alt
So, wann kann ich mal lustig sein?
Es wäre besser bald.

SILVIA BOVENSCHEN
Eleganz und Jugend

Ganz junge Leute sind nie wirklich elegant. Zur Eleganz
gehört nach meinem Dafürhalten eine gewisse (Nach-)Läs-
sigkeit, die zur Müdigkeit tendiert. Sie ist den ganz Jungen nicht angemessen. Ältere Leute dagegen müssen sich
Mühe geben, eine »natürlich« wirkende Eleganz (nichts
ist unnatürlicher als Eleganz – außer bei Raubkatzen und
Pferden), die den Anzeichen des Verfalls entgegenwirkt,
herzustellen. Eleganz ist eine Balancefrage. Eleganz arbeitet (in bewußter Vergeblichkeit) gegen den Tod, ohne sich
auf Jugend zu abonnieren.

(Ist das eine dieser Alterssentenzen, mit denen man Jüngeren auf die Nerven geht?)

Batterien im Mondschein

Offiziell müsste ich meinen alten Lehrer bei seinem vollen Namen nennen: Harutsuna Matsumoto-Sensei – Herr Lehrer Harutsuna Matsumoto –, aber für mich bleibt er einfach der »Sensei«. Statt einer Berufsbezeichnung oder Anrede ist dieses Wort für mich zu einer Art Eigennamen geworden.

Ich hatte an der Oberschule Japanisch bei ihm, aber da er nicht mein Klassenlehrer war und ich mich nicht gerade überragend für sein Fach interessierte, hatte er keinen bleibenden Eindruck bei mir hinterlassen. Nachdem ich mit der Schule fertig war, sah ich ihn lange überhaupt nicht mehr.

Vor ein paar Jahren bin ich ihm dann zufällig in einer Kneipe am Bahnhof begegnet; seither trafen wir uns hin und wieder.

Angefangen hatte es so: Er saß kerzengerade an der Theke, ich setzte mich neben ihn. »Eine Portion Thunfisch mit fermentierten Sojabohnen, einmal gebratene Lotuswurzel in süßer Sojasoße und eingelegte Perlzwiebeln dazu, bitte!«, rief ich dem Wirt zu. Der ältere Mann neben mir bestellte nahezu gleichzeitig eben diese Gerichte.

Erstaunt über die Übereinstimmung zwischen mir und diesem Opa sah ich ihn mir genauer an. Auch er musterte mich. Sein Gesicht kam mir irgendwie bekannt vor.

»Sie sind doch Tsukiko Ōmachi?« sprach er mich an.

Als ich etwas verdutzt nickte, fügte er hinzu:

»Ich habe Sie schon öfter hier gesehen.«

»Aha«, antwortete ich unverbindlich und starrte ihn weiter an.

Er trug ein gebügeltes Oberhemd und eine graue Weste. Das weiße Haar hatte er ordentlich zurückgekämmt. Vor ihm auf der Theke standen ein Fläschchen Sake, ein kleiner Teller mit einer Scheibe Walfischspeck und ein Schälchen mit einem Rest Seetang in Vinaigrette. Während ich mich noch wunderte, dass der alte Mann einen so ähnlichen Geschmack für Häppchen hatte wie ich, dämmerte es mir: Der Mann hatte einst vor meiner Klasse in der Oberschule gestanden. Er war mein alter Sensei. Jetzt sah ich ihn genau vor mir, wie er, in der einen Hand den Schwamm und in der anderen die Kreide, klassische Zitate wie *Im Frühling ist mir die Morgendämmerung das liebste* ..., an die Tafel schrieb, um die Zeile fünf Minuten später wieder auszuwischen. Den Schwamm legte er nie aus der Hand, nicht einmal, wenn er mit dem Rücken zur Tafel stand und den Schülern etwas erklärte. Man hatte fast den Eindruck, der Halteriemen des Schwamms sei mit seinem Handrücken verwachsen.

»Also, dass Sie als Frau ohne Begleitung in eine solche Kneipe gehen.« Er nahm mit seinen Stäbchen das letzte Scheibchen Walfischspeck auf, tunkte es in die Essig-Miso-Soße und führte es anschließend elegant zum Mund.

»Na ja«, antwortete ich und goss mir mein Bier ein. Immerhin wusste ich jetzt, dass er ein Lehrer von mir gewesen war, selbst wenn mir sein Name partout nicht einfallen wollte. Daher rief es Verlegenheit, fast Bewunderung in mir hervor, dass er sich so mühelos an den Namen einer ehemaligen Schülerin erinnerte. Ich trank mein Bier aus.

»Sie trugen früher Zöpfe, nicht wahr?«

»Ja.«

»Ich habe Sie gleich erkannt.«

»Aha.«

»Sie sind dieses Jahr achtunddreißig geworden, stimmt's?«

»Nein, erst siebenunddreißig.«

»Oh, entschuldigen Sie.«

»Macht nichts.«

»Ich habe im Namensregister und im Jahrgangsalbum nachgeschaut. Sie haben sich gar nicht verändert.«

»Sie auch nicht, Sensei.«

»Sensei« sagte ich natürlich, weil mir sein Name nicht einfiel, aber seitdem ist es dabei geblieben.

An diesem Abend tranken wir zusammen ungefähr anderthalb Liter Sake, und er übernahm die Rechnung. Als wir uns das nächste Mal in derselben Kneipe trafen, bezahlte ich. Seit unserer dritten Begegnung beglich jeder seine Rechnung selbst. Wahrscheinlich erwies sich unsere Freundschaft als so dauerhaft, weil der Sensei und ich uns in vieler Hinsicht ähnlich waren. Nicht nur bevorzugten wir zum Sake die gleichen Häppchen, auch unsere Vorstellung von der Distanz, die ein Mensch zum anderen halten sollte, stimmte überein. Obwohl er dreißig Jahre älter war als ich, fühlte ich mich ihm näher als manch gleichaltrigem Freund.

Ein paarmal war ich auch bei ihm zu Hause. Mitunter verabschiedeten wir uns gleich nach der ersten Kneipe, und jeder ging seiner Wege. Ab und zu zogen wir auch weiter ins nächste Lokal, manchmal sogar in ein drittes und viertes. Bei solchen Gelegenheiten gingen wir meist noch zu ihm, um den Abend mit einem letzten Schälchen Sake zu beschließen.

Das erste Mal, als der Sensei mich einlud, noch kurz bei ihm vorbeizuschauen – sein Haus sei ganz in der Nähe –, zögerte ich. Ich hatte gehört, dass seine Frau gestorben war, und hatte Hemmungen, zu einem alleinstehenden Mann nach Hause zu gehen. Andererseits gehöre ich zu den Menschen, die, wenn sie einmal angefangen haben zu trinken, so leicht kein Ende finden. Also ging ich schließlich doch mit.

Es war unordentlicher, als ich vermutet hätte. Eigentlich hatte ich mir sein Haus peinlich sauber vorgestellt. Statt dessen türmte sich in allen Ecken irgendwelches Gerümpel. Der Raum direkt hinter der Diele, der mit einem Teppich und einem alten Sofa ausgestattet war, wirkte zwar wie unbewohnt, dafür lagen auf dem Boden des etwa acht Tatami großen Wohnzimmers nebenan massenweise Bücher, Papiere und Zeitungen herum.

Der Sensei stellte ein Esstischchen auf, kramte eine 1,8-Liter-Flasche mit Sake aus einer Ecke hervor und füllte zwei unterschiedlich große Teeschalen bis zum Rand.

»Nehmen Sie schon mal einen Schluck«, sagte er und verschwand in der Küche. Das Acht-Tatami-Zimmer ging zum Garten. Ein Laden war geöffnet, und durch die Scheibe erkannte ich schemenhaft die Zweige von Bäumen. Da sie um diese Jahreszeit nicht blühten, konnte ich nicht sagen, um welche Sorte es sich handelte. Botanik war noch nie meine Stärke.

»Was sind denn das für Bäume in Ihrem Garten?«, fragte ich den Sensei, der gerade mit einem Tablett Lachsschnitzel und Reiskräcker erschien.

»Kirschbäume. Die Kirsche war der Lieblingsbaum meiner Frau.«

»Im Frühjahr sieht das bestimmt hübsch aus.«

»Sie sind anfällig für Schädlinge, im Herbst liegt der ganze Garten voller Laub, und im Winter hat man nur kahle Äste vor der Nase«, erklärte der Sensei nicht sonderlich unwirsch.

»Oh, der Mond ist aufgegangen.« Der Halbmond stand jetzt hoch am Himmel, von einem Dunstschleier fast verhüllt.

Der Sensei nahm sich eine Handvoll Kräcker und trank einen Schluck Sake aus seiner Teeschale.

»Meine Frau war kein Mensch, der gern plante oder vorausschaute.«

»Aha.«

»Sie wusste immer genau, was sie wollte und was nicht.«

»Aha.«

»Die Kräcker sind aus Niigata. Pikant und schmackhaft, was?«

Die scharfen Reiskräcker passten tatsächlich ausgezeichnet zum Sake. Schweigend aß ich ein paar. Aus den Wipfeln der Bäume war Flügelschlagen zu hören. Ob es im Garten Vögel gab? Ich vernahm auch ein schwaches Piepsen in den sich wiegenden Zweigen und Ästen. Danach trat wieder Stille ein.

»Haben Sie im Garten ein Vogelnest?«, fragte ich, bekam aber keine Antwort. Als ich mich umwandte, sah ich, dass der Sensei Zeitung las. Allerdings nicht die von heute. Offenbar hatte er sich nach dem Zufallsprinzip eine von den vielen gegriffen, die auf dem Boden herumlagen.

Konzentriert las er eine Seite, auf der man zwischen Meldungen aus dem Ausland das Bild einer Frau im Badeanzug plaziert hatte. Meine Anwesenheit schien er vergessen zu haben.

»Sensei«, sprach ich ihn nochmals an. Wieder keine Antwort, so vertieft war er in seine Lektüre.

»Sensei!«, rief ich noch einmal lauter. Endlich hob er den Kopf.

»Tsukiko, soll ich Ihnen mal was zeigen?«, fragte er unvermittelt. Ohne meine Antwort abzuwarten, schob er die Tür auf und ging ins Nebenzimmer. Die Zeitung ließ er einfach liegen.

Beladen mit irgendwelchem Keramikgeschirr, das er aus einem alten Schrank geholt hatte, kam er zurück. Dann ging er noch einige Male zwischen den beiden Zimmern hin und her.

»Da, schauen Sie.« Die Augen vergnügt zusammengekniffen, stellte der Sensei die kleinen Tongefäße, alle mit Deckel, Henkel und Tülle, behutsam auf dem Tatami-Boden ab.

Was waren das für Dinger? Irgendwie kamen sie mir bekannt vor. Ich starrte darauf. Alle waren von sehr einfacher Machart. Waren das Teekännchen? Obwohl sie dafür eigentlich ein bisschen zu klein waren.

»Das sind Eisenbahn-Teekännchen«, erklärte der Sensei. »Eisenbahn-Teekännchen?«

»Wenn ich früher mit dem Zug fuhr, habe ich mir am Bahnhof immer Reiseproviant besorgt, und dazu Tee. Heute wird der Tee ja in Plastikflaschen verkauft, aber früher bekam man diese Tonkännchen.«

Er hatte über zehn von diesen Kännchen, einige honigfarben, andere etwas heller. Auch in der Form unterschieden sie sich, bei manchen war die Tülle breiter oder sie hatten größere Henkel, kleinere Deckel oder waren dickbäuchiger.

»Sammeln Sie die?«

Der Sensei schüttelte den Kopf. »Ich habe sie mir einfach nur für unterwegs gekauft.«

Dann deutete er mit dem Finger auf die einzelnen Kännchen und erzählte mir ihre Geschichte.

»Das da habe ich in meinem ersten Studienjahr auf dem Weg nach Shinshu gekauft. Und das hier, als ich mal in den Sommerferien mit einem Kollegen nach Nara reisen wollte. Ich ging auf den Bahnsteig, um noch schnell eine Wegzehrung für uns zu holen, und als ich wieder einsteigen wollte, fuhr mir der Zug vor der Nase weg. Dieses hier habe ich auf unserer Hochzeitsreise in Odawara gekauft. Meine Frau wickelte es in Zeitungspapier und legte es zwischen die Wäsche, damit es nicht zerbrach. Sie hat es die ganze Reise lang aufgehoben.«

Mir blieb nichts anderes übrig, als immer wieder »aha« und »ach ja« zu wiederholen.

»Ich habe gehört, manche Leute sammeln so was«, sagte der Sensei.

»Sind Sie auch ein Sammler?«

»Nein. Für solche Marotten habe ich nichts übrig.« Er hebe einfach nur auf, was sich so angesammelt habe, erklärte er mit selbstzufriedenem Lächeln.

»Ich kann eben nichts wegwerfen.« Wieder ging er ins Nebenzimmer. Diesmal kehrte er mit mehreren kleinen Plastiktüten zurück. Er knotete eine davon auf, und eine Menge mit schwarzem Filzstift beschrifteter Batterien kam zum Vorschein: »Rasierer«, »Wanduhr«, »Radio«, »Taschenlampe«. Er griff eine A2-Batterie heraus.

»Die stammt aus dem Jahr, in dem der große Taifun in der Bucht von Ise gewütet hat. Auch in Tokio gab es so starke Unwetter, dass wir die Batterie in einem einzigen Sommer verbraucht haben.«

»Diese hier gehörte zu meinem ersten Kassettenrekorder. Man benötigte acht Stück davon, die sich aber sehr schnell verbrauchten. Nachdem ich eine Kassette mit Symphonien von Beethoven mehrmals gehört hatte, waren die Batterien nach ein paar Tagen leer. Da ich nicht alle acht aufheben wollte, fasste ich mir ein Herz und griff mit geschlossenen Augen eine heraus, um sie aufzuheben.«

Schließlich könne man Batterien, die einem so brav gedient hätten, nicht einfach wegwerfen. Das wäre herzlos. Es sei nicht anständig, sie, die bis dahin Licht und Töne erzeugt hätten, in den Müll zu schmeißen, nur weil sie leer seien.

»Sind Sie nicht auch dieser Meinung, Tsukiko?« Der Sensei sah mir ins Gesicht.

Eigentlich hatte ich dazu keine Meinung, rang mir aber zum fünfzehnten oder sechzehnten Mal an diesem Abend ein Ja ab. Ich strich über eine der vielen unterschiedlichen Batterien. Sie war rostig und fühlte sich feucht an. An der Seite stand »Casio-Rechner«.

Der Sensei schaute nach oben. »Der Mond neigt sich schon, nicht wahr?«

Der Mond sah hell leuchtend hinter dem Dunstschleier hervor.

»Der Tee aus den Eisenbahn-Kännchen hat bestimmt gut geschmeckt«, murmelte ich.

»Dann werde ich uns mal einen kochen.« Der Sensei streckte den Arm aus und wühlte aus dem Durcheinander, in dem auch die Sakeflasche gestanden hatte, eine Teedose hervor. Kurzerhand füllte er ein paar Teeblätter in ein honigfarbenes Eisenbahn-Kännchen, schraubte die alte Thermoskanne neben dem Esstischchen auf und goss heißes Wasser darüber.

»Die Thermoskanne hat mir ein Schüler geschenkt. Es ist eine alte amerikanische, aber das Wasser, das ich gestern hineingefüllt habe, ist immer noch heiß. Ganz erstaunlich.«

Er goss mir Tee in die Schale, aus der ich den Sake getrunken hatte. Dann streichelte er zärtlich die Thermoskanne. Der Tee schmeckte ein wenig merkwürdig, in der Schale musste wohl noch ein Rest Sake gewesen sein. Plötzlich spürte ich seine Wirkung, und alles sah viel heiterer aus.

»Sensei, darf ich mich ein bisschen umsehen?«

Ohne seine Antwort abzuwarten, wandte ich mich einer Ecke des Zimmers zu, in der aller möglicher Plunder ungeordnet durcheinanderlag. Alte Manuskriptseiten, leere Einwegfeuerzeuge, ein verrosteter Handspiegel und drei große, schwarze, abgewetzte und zerfurchte Aktenmappen. Alle vom gleichen Modell. Außerdem eine Blumenschere, ein Federkästchen und ein schwarzes Gerät aus Plastik mit einer Messskala und einem Zeiger.

»Was ist denn das?«, fragte ich und hielt den schwarzen Kasten in die Höhe.

»Was? Ach so, das ist ein Batterieprüfer«, erwiderte der Sensei.

Behutsam nahm er mir das Kästchen aus der Hand und kramte in dem Durcheinander herum. Gleich darauf zog er ein schwarz-rotes Kabel hervor, das er an das Prüfgerät anschloss. An den Enden des Kabels befand sich jeweils eine Klemme.

»So!« Der Sensei befestigte die rote Klemme an einem Pol der Batterie mit der Aufschrift »Rasierer« und die schwarze am gegenüberliegenden.

»Schauen Sie her, Tsukiko.«

Da er keine Hand frei hatte, deutete er mit dem Kinn auf die Skala. Der Anzeiger zitterte. Als der Sensei die Klemme von der Batterie löste, stand er still. Sobald er sie wieder mit der Batterie verband, schlug die Nadel von neuem aus.

»Ein Rest Strom ist noch übrig«, sagte der Sensei ruhig. »Einen Motor kann sie zwar nicht mehr antreiben, aber ein bisschen Leben hat sie noch in sich.«

Nun überprüfte er jede einzelne seiner zahllosen Batterien. Bei den meisten rührte sich die Nadel nicht, wenn er die Klemme ansetzte. Sooft die Nadel ausnahmsweise doch einmal zuckte, stieß er ein leises »Ah« hervor.

»Es ist noch Leben drin«, sagte ich dann, und er nickte kurz.

»Aber irgendwann sind sie doch tot«, erklärte er ungerührt.

»Und den Rest ihres Lebens verbringen sie im Schrank.«

»So könnte man sagen.«

Eine Weile betrachteten wir schweigend den Mond. Dann fragte der Sensei aufgeräumt: »Sollen wir noch etwas trinken?«, und goss Sake in die Teeschalen.

»Ach, da war ja noch Tee drin«, sagte er.

»Sake mit einem Schuss Tee.«

»Sake sollte man pur trinken.«

»Macht nichts, Sensei, macht gar nichts«, sagte ich und kippte den Sake in einem Zug hinunter, während der Sensei an seinem nur nippte. Der Mond schien jetzt sehr hell.

»*Durch die Weiden*
schimmert silbern der nächtliche Strom,
jenseits steigt Rauch aus den Wiesen«,
deklamierte er plötzlich mit sonorer Stimme.

»Was ist das?«, fragte ich. »Hört sich an wie ein Sutra.«

»Tsukiko, Sie haben wohl im Japanischunterricht überhaupt nicht aufgepasst?«, entgegnete er ein wenig streng.

»Das haben wir bei Ihnen nie durchgenommen«, verteidigte ich mich.

»Das ist doch von Seihaku Irako«, belehrte er mich.

»Nie im Leben von ihm gehört.«

Ich griff nach der Sakeflasche und schenkte mir selbst ein. »Als Frau sollten Sie sich wirklich nicht selber einschenken«, schimpfte er.

»Seien Sie doch nicht so altmodisch, Sensei«, erwiderte ich trotzig.

»Lieber altmodisch als modrig«, brummte er und goss sich ebenfalls nach.

»*Jenseits steigt Rauch aus den Wiesen,*
leis erklingt ein Flötenton,
rührt des Wanderers Herz«.
Er wiederholte das Gedicht mit geschlossenen Augen, als lausche er seiner eigenen Stimme. Geistesabwesend starrte ich auf die großen und kleinen Batterien, die still im fahlen Licht lagen.

Wieder verhüllten Dunstschleier den Mond.

Faust

Ich bin nur durch die Welt gerannt;
Ein jed' Gelüst ergriff ich bei den Haaren,
Was nicht genügte, ließ ich fahren,
Was mir entwischte, ließ ich ziehn.
Ich hab nur begehrt und nur vollbracht,
Und abermals gewünscht und so mit Macht
Mein Leben durchgestürmt; erst groß und mächtig.
Nun aber geht es weise, geht bedächtig.
Der Erdenkreis ist mir genug bekannt,
Nach drüben ist die Aussicht uns verrannt;
Tor, wer dorthin die Augen blinzelnd richtet,
Sich über Wolken seinesgleichen dichtet!
Er stehe fest und sehe sich hier um;
Dem Tüchtigen ist diese Welt nicht stumm.
Was braucht er in die Ewigkeit zu schweifen.

JOHN UPDIKE
Brief einer verwitweten Hexe

Meine liebe alte Schöne –
    ich weiß, ich weiß, dieser Brief ist entsetzlich überfällig, aber ich habe einen neuen Computer gekauft, damit ich den neuen Roman, an dem ich arbeite, auf einer einzigen CD einreichen kann, denn das erwarten die knickrigen Verleger heutzutage. Es ist ein Laptop, den ich mitnehmen kann, falls Chris und ich auf Reisen gehen, und Microsoft hat eine Menge teuflisch schlauer neuer Tricks

in das Programm gepackt, sodass man jetzt anstelle einer Maus eines dieser kleinen Mausersatzdinger hat, die einen auf die Palme bringen – ein Quadrat aus irgendeinem magischen Metall in der Mitte der Tastatur, größer als ein Streichholzbriefchen, aber kleiner als eine Zigarettenschachtel (das Rauchen fehlt mir immer noch, vor allem, wenn ich auf einer Party bin und wenn ich schreibe, obwohl es doch Jahre her ist, seit mein Emphysem diagnostiziert wurde und man mir unmissverständlich klargemacht hat, ich hätte die Wahl, entweder aufzuhören oder zu sterben), über das man mit der Fingerkuppe streicht, nur dass die leiseste Berührung genügt, um den Pfeil auf dem Bildschirm auf irgendein Symbol flitzen zu lassen, das die Schriftart ändert oder dreifache Spalten einrichtet oder alles in irgendeine scheußliche Farbe taucht, und man kriegt einfach nicht heraus, wie sich das rückgängig machen lässt. An manchen Tagen möchte ich wirklich heulen und das verdammte Ding kaputt hauen; ich bin zu alt für die ganze Technologie, ohne die man heutzutage überhaupt nichts mehr machen kann, nicht mal ein Auto fahren. Ich habe den BMW gegen einen kompakteren, ökologisch vernünftigen Toyota mit Hybridantrieb eingetauscht, damit ich durch die Stadt kreuzen kann, ohne dass man mir das Auto klaut – wer würde schon einen Hybrid klauen? –, und sein Armaturenbrett sieht aus wie das eines Tarnkappenbombers, voller putziger internationaler Bildchen und Codewörter. Ich kriege nicht heraus, was das Auto von mir will. Ich kann nicht mal den FM-Sender wechseln, ohne irgendeine Quassel-Sport-Sendung auf AM zu erwischen, bei der Hörer anrufen und den Moderator anschreien, der prompt zurückbrüllt, und das wegen der unzähligen Kabel in dieser verkabelten Stadt auch noch voller statischer Geräusche. Elektrizität – wer braucht die überhaupt? Chris sagt, Elektrizität sei ein irreführendes Wort, strikt genommen gebe es sie nicht, es gebe Elektronen, und Elektrizität sei ein fauler Oberbegriff. Es gebe nur Teilchen mit Ladung und manche ohne. Außerdem lenkt einen New York auch viel mehr ab als Stamford, und deswegen, vermute ich, zieht es junge Leute immer weiter in Scharen hierher, obwohl sie praktisch in Pappkartons unter den Brücken hausen müssen, und Chris will ständig, dass ich mit ihm zu dieser oder jener unwichtigen Veranstaltung gehe, zu Happenings etwa, wo die Künstlerin sich immer wieder in die Arme schneidet und zwischen den Beinen berührt. Ein Vorzug von Monty und Lennie war, dass sie mich ab und zu auch mal allein gelassen haben, sodass ich meinen Tagträumereien nachhängen konnte; aber sie hatten eben auch beruflich zu tun. Ist es nicht komisch, wie kostbar einem die winzigsten Details werden, die mit diesen verstorbenen Männern zusammenhängen? Damals habe ich das, was sie taten, für Blödsinn gehalten. Den Leuten Sachen zu verkaufen, die sie eigentlich gar nicht brauchen – da ist der Kapitalismus mittlerweile angekommen. Da und beim Verbrauchen unersetzlicher natürlicher Ressourcen, während Afrika Hunger leidet.

Inzwischen haben die Mets aufgehört zu spielen – Chris ist ein Baseball-Freak, wer hätte das gedacht? –, in Taos muss das perfekte Herbstwetter herrschen, und Du bist sicher gesundheitlich wieder aufgeblüht. Du musstest ein bisschen Gewicht zulegen, Herzchen. So abgehärmt, wie Du aussahst, als wir das Apartment in Eastwick schließlich abgegeben haben, habe ich Dich noch nie erlebt. (Tut mir leid, dass ich Dir im letzten Moment noch so viel Kleinkram aufs Auge gedrückt habe; es war wirklich fies von der Bank, uns unsere Kaution nicht zurückzugeben, bevor die Decke nicht neu gestrichen war; irgendwelche Rauchflecken waren mir nie aufgefallen, sie war ja ohnehin irgendwie gelblich.)

Du hattest Deine körperlichen Beschwerden, aber die haben wir alle. Zum Beispiel hat bei Frauen die Blase oft ihre Launen. Manchmal kommt kein Tropfen, obwohl Du weißt, dass Du musst; und dann wieder lachst Du oder Du niest, und schon musst Du das Höschen wechseln. Im Fernsehen ist andauernd davon die Rede, wenn man sich die Nachrichten ansieht und sich als tristen Fall von Altersschwäche einstuft. Moi, meine Haut ist allergisch gegen Sonnenlicht, meine Lungen sind innen zu glatt, und mein Zahnfleisch hat sich zurückgebildet fast bis zur Parodontitis. Du warst schlicht deprimiert, lautet meine Diagnose. Vielleicht über Janes Tod – das war eine bittere Pille, die wir da schlucken mussten – und vielleicht auch ein wenig, weil Du die Älteste von uns drei bist und immer unsere Anführerin warst: die große Schwester, von der Weisheit erwartet wird – die älteste und die magischste, auch wenn Jane fliegen konnte, ein bisschen jedenfalls, wie ein Gleithörnchen. Aber ich glaube, aufgrund dessen, was die Göttin Jane angetan hat, hast Du, Lexa, Dich gefragt, ob nicht alles sinnlos ist. Gut, vielleicht ist es das ja auch. Aber ich lebe jetzt im amerikanischen Zentrum der Verbreitung von Unsinn und lasse mich davon nicht herunterziehen. Ich nehme das Leben, wie es kommt, Tag für Tag. Wenn man geradewegs nach oben schaut, an all

den neuen Baustellen vorbei (diese in zweiter Reihe ge-
parkten Schuttwannen überall!), dann sieht man immer
noch einen Streifen von blauem Himmel. Es muss einen
Grund für die Existenz geben, da so vieles existiert. Ich
meine, alles, was vorhanden ist, alles, was in Äonen entstanden ist.

Ich habe Chris aus der Nase gezogen, wie er uns die
elektrischen Schläge verpasst hat – uns, sage ich, obgleich
er wohl vorhatte, mich erst ganz am Schluss dranzuneh-
men. Das Vorgehen beruhte auf Darryls Experimenten
und dem, was von seinem Instrumentarium übrig war.
Wenn man nach der Quantentheorie – die weniger eine
Theorie ist als eine hilflose Art zu beschreiben, wie verrückt die Dinge wirklich sind – ein Teilchen spaltet, sagen
wir, ein Photon, dann wird sich die eine Hälfte im Uhrzeigersinn drehen und die andere gegen den Uhrzeigersinn,
und wenn man den Spin der einen misst, und sie dreht sich
im Uhrzeigersinn, dann wird sich die andere, selbst wenn
sich die beiden weit voneinander entfernt haben und unmöglich auf irgendeine Weise miteinander kommunizieren konnten, gegen den Uhrzeigersinn drehen. Das nennt
man Wechselwirkung. Weißt Du noch, wie einem der Un-
terrock – als Frauen noch Unterröcke trugen – immer am
Po klebte und wie wahnsinnig einen das machte? Dabei
entstand dadurch nicht einmal ein Funke, wie er aufschim-
mert, wenn Du Dir im Dunkeln das Haar bürstest. Das lag
an überschüssigen Elektronen, die den Zustand anstreb-
ten, den man elektrostatisches Gleichgewicht nennt.

Nun war aber – ich weiß, Du findest das alles anstren-
gend; mir geht es nämlich auch so – das Sonderbare oder
sogar Unheimliche an Darryl (ja, er konnte einem auch

unheimlich sein, so amüsant er war), dass er aus der Tennis-und Jacuzzi-Zeit im Lenox-Haus Kleidungsstücke von uns aufbewahrt hatte, die wir vergessen hatten mitzunehmen, weil wir zu bekifft oder zu entspannt oder zu sehr von Gewissensbissen geplagt waren, wenn wir endlich nach Hause zu diesen heiligen Geschöpfen, unseren armen verlassenen Kindern gingen – Tennis-Shorts und T-Shirts, Söckchen, Stirnbänder, Haarbänder, Kämme, Höschen und sogar BHs, die wahrscheinlich im Umkleideraum oder auf dem Rand des Jacuzzi liegen geblieben waren; und die bewahrte er auf, zusammen mit Souvenirs anderer Seelen, die er zu fesseln versucht hatte; und als Christopher herausbekam, wem diese Sachen gehört hatten, und als Greta Neff, die sich ihm gegenüber sehr mitfühlend gezeigt hatte, als er zum Waisen geworden war (im Gegensatz zu uns wahrscheinlich), ihn wissen ließ, dass wir endlich doch nach Eastwick zurückgekommen waren, da kramte er diese Elektronenkanone hervor, die Darryl in seinem Labor liegen gehabt hatte (die sind übrigens spottbillig geworden, in jedem Fernsehgerät steckt eine, sie produziert den kleinen Punkt, der sich über den Bildschirm bewegt; er ist in der Kathodenstrahlröhre hinten durch thermionische Entladungen entstanden und durch ein Loch in der Anode ausgetreten – das habe ich alles eben gerade nachgeschlagen, ich habe noch nie zu den Autorinnen gehört, die so faul sind, dass sie sich das Recherchieren von einem Lakaien abnehmen lassen). Chris ballerte damit auf Janes und Deine kleinen Dessous, in denen der Schweiß seit dreißig Jahren getrocknet war, pumpte sie voll mit Elektronen und mittels Fernwirkung – analog zu der Wechselwirkung zwischen räumlich getrennten Systemen – Euch. Die überschüssige Ladung staute sich in Eurem Körper und löste nicht nur die elektrischen Schläge aus, sondern brachte Eure Eingeweide durcheinander und griff Eure seelische Verfassung an. Diabolisch. Chris war wirklich noch sehr wütend wegen der Sache mit seiner Schwester. Die Methode war nicht präzise, aber das ist auch die Welt der Quanten nicht – immer geht es da um Wahrscheinlichkeiten, nichts existiert so richtig, alles ist ein Geist, bis es gemessen wird, und dann nimmt das Messgerät auf irgendeine Weise so stark Einfluss, dass die nächste Messung unmöglich wird. Jedenfalls: Mach Du Dir bloß keine Sorgen. Christopher schwört, Darryls Elektronenkanone ist kaputt – sie hat zu spinnen begonnen, nachdem sie Janes Aneurysma zum Platzen gebracht hat –; er hat keine Ahnung, wie er das Ding reparieren soll, und die Reparatur durch einen Fachmann kann er sich nicht leisten. Geld ist zwischen uns ein heikles Thema, aber darum geht es jetzt nicht.

Die Stadt geht einem, wie gesagt, ständig auf die Nerven und auf den Geist, aber wenn ich zurückblicke, hatte auch Eastwick seine negativen Seiten. (Tommy Gorton hat mir ein paar Ausschnitte aus dem billig fotokopierten Nachrichtenblättchen geschickt, das eben kein Ersatz für die Zeitung Word ist: Nemo's ist schließlich doch verkauft worden, aber Dunkin' Donuts hat versprochen, bei der Renovierung einige der historischen Merkmale des Lokals zu erhalten. Und die Unitarier haben ihre Anti-Irak-Kampagne auf die Zeit nach dem Labor Day verschoben, aber da ist ja ohnehin schon die Luft raus, es fehlt die Wut, die wegen Vietnam aufkam; das Sterben wird von freiwilligen Soldaten und Reservisten der National Guard erledigt, und die Leute machen sich mehr Sorgen um die Wirtschaft.) Aber von einer Sache muss ich Dir noch weiter berichten: Nachdem ich eines Abends mit Christopher auf Achse gewesen war – ich weiß, ich habe Dich in den letzten zehn Tagen in Eastwick schwer alleingelassen, aber ich habe um Dein Leben gekämpft, indem ich einen Mann verführte, dessen Neigung zum schönen Geschlecht sehr schwach ausgeprägt und der obendrein ein kaltblütiger Mörder ist –, musste er zum Neff-Haus zurück, Greta zog immer eine giftige Schnute, nachdem sie geschnallt hatte, dass er mich traf. Ich war ganz allein in der Gegend zwischen Hemlock Lane und Vane Street – ich wollte zur oberen Dock Street, wo ich den BMW geparkt hatte, da geriet ich in eine ganz grauenvolle Dunkelheit, als träte ich in eine bodenlose Pfütze, ich kann's nicht beschreiben; es war dort oben bei dem Gelände der Unitarierkirche, die davor eine der Kongregationalisten und noch davor ein puritanisches Meetinghouse gewesen war, wo die Predigten drei Stunden gedauert hatten und einen nur die Glut in den Fußwärmern vor dem Erfrieren bewahrte. Es gab keine Straßenlampen oder erleuchtete Häuser, obwohl ich mich nicht weit von einem Haus befand, dem Haus von jemand, den ich nicht kannte – und wie viele Häuser in Eastwick haben, wenn man sich's mal überlegt, Leuten gehört, die wir nicht kannten, obwohl wir alle zu kennen glaubten –, und ich stand in diesem archaischen Dunkel, in einem kleinen Stück Wald, übrig geblieben aus der Zeit, in der überall Wald war und die Menschen in den armseligen Dörfern voller Angst vor Indianern zu Bett gingen, wenn die Sonne gesunken war. Plötzlich konnte ich nichts mehr sehen, nur noch die Umrisse von Sträuchern und Bäumen – hohen Bäumen, Lebensbäumen wahrscheinlich – gegen den etwas helleren Himmel, an dem jedoch keine Sterne, kein Mond zu sehen waren, und da stand ich, verloren und blind, nur ein paar Blocks von dem Minimarkt entfernt, der den Gehweg mit Licht überschwemmte, von den Segelbooten, die verspätet mit Motorkraft in den Hafen tuckerten, und den jungen Streunern, die geräuschvoll vor Ben & Jerry's herumhingen, dem früheren Herrenfriseurladen. Ich hörte das Rauschen des Verkehrs und war doch so allein wie in der Wüste, wie ein Kind, das man in einen Wandschrank gesperrt hat, etwas, womit meine Neandertaler von Eltern meiner Erinnerung nach gedroht, was sie aber, glaube ich, nie wirklich getan haben. Da spürte ich, wie dünn die Schicht von Zivilisation ist, die diesen Kontinent überzieht. Das Dunkel lauert darauf, wieder darüber hinwegzuschwappen.

Chris suchte besorgniserregend gern die Gräber von Jenny und seinen Eltern im neuen Teil des Cocumscussoc Cemetery auf, und wenn man bei Tageslicht dort war, sah man, wie die Grabsteine aus Granit gealtert waren, dunkler geworden durch Moder und Flechten, die Namen und Daten schwer zu lesen. Es gab jedoch auch viele neuere Gräber mit noch scharfkantigen Grabsteinen, von Menschen, die ich vor Jahren in Eastwick gekannt hatte und die nun in ihren länglichen Kisten unter der Erde verfaulten, die in meinem Kopf aber noch lebendig waren – mir als deutliche Cartoons vor Augen standen, einschließlich der Art und Weise, wie eine bestimmte Person zwinkerte oder lachte oder gewisse Dinge sagte; ihre Mimik und Lieblingsausdrücke waren mir so lebhaft gegenwärtig, als wäre mein Gehirn ein Friedhof anderer Art, ein dahinschwebender Friedhof, voller Funken, die so verglimmen werden wie Glühwürmchen, vergehen wie die wild wachsenden kleinen Gänseblümchen, die man auf Gräbern sieht. Das war auf andere, sonnenklare Weise beängstigend.

Aber wir beide, Du und ich, sollten uns nicht einschüchtern lassen. Wir sind Überlebenskünstler, gerade so wie Chris. Er ist ein paarmal in die Wohnung gekommen und wieder ausgegangen, während ich dies geschrieben habe. Einige technische Begriffe habe ich mir von ihm bestätigen lassen, obwohl es Dir darauf gewiss nicht ankommt. Der verblüffende Grund dafür, dass wir überhaupt etwas sehen, besteht darin, dass die Hülle von herumsausenden Elektronen um jeden Atomkern Photonen abprallen lässt und in unsere Augen zurückwirft; das gehört zu den Dingen, die ich von Chris gelernt habe. Und dass die Elektronen immer auf der Suche nach einer zu füllenden Lücke sind. Darin gleichen sie tatsächlich der Liebe, auch wenn ihr Euch alle über mich lustig gemacht habt, als ich das ausgesprochen habe. Chris sagt, ich soll Dich von ihm grüßen und Dir ausrichten, dass es ihm leidtue, falls Du noch Beschwerden verspüren solltest – es sei verrückt von ihm gewesen, der Hexerei die Schuld an irgendeinem realen Ereignis zuzuschieben.

Mucho amor (alle Welt spricht hier Spanisch)

THEODOR FONTANE

Von Dreißig bis Achtzig

Die Sonne ging herbstlich tief – ich stand auf einem
künstlichen Berge des Gartens – er war eine Sternwarte
für mich, und der ruhige Himmel breitete sich unten auf
dem Boden aus – das Getöse und Geläute der Stadt schlug
in die Stille herein – ich sah hinunter über die langen
Kreuzgänge aus Gipfeln und die glänzende beseelte Ebene
und über das holde Wasserstück mit seinen Schwanen
und mit den Spiegelbildern der vorbeigehenden Strand-
bewohner und mit dem nachgemalten tiefern Himmels-
blau und über die bunte Brücke (das Zeichen der irdi-
schen Flucht) und über die Trauerweiden mit hängenden
Armen – und ich dachte an den Frühling dieses Jahrs, wo
ich alles zum erstenmal genoß, und an die Nachtigallen,
welche damals auf den Bäumen an der Brücke schlugen;
und die Frühlingsmorgen feierten wieder die Maienfeste
in meiner Brust: da dacht' ich zwar bewegt: es ist wieder
vorbei, und es kommt mir lange vor; aber ich sagte mir
auch: »Dein Erinnern nimmt ja jährlich zu; sonst mußte
ein Tag ein paar Jahre weit zurückgewichen sein, um sich
zu verklären, jetzt gehest du kaum einige Schritte vor einem kalten hellen Tautropfen vorbei, so kannst du dich
umsehen, und er glänzet herrlich bunt in seiner Blume
nach.« Wie muß erst ein sechzigjähriger Kopf mit Erinnerungen, den Votivgemälden unsers Herzens, vollgehan-
gen sein! – Wenn also die Jahre kommen, wo der graue
Mensch an einem schönen Frühlingstag ins Freie geht,
bloß um den alten Körper zu wärmen und zu regen, ohne
alle vorige Absichten und Aussichten auf eine ins Unab-

sehliche hinausblühende Zukunft voll Avantüren und Länder; wenn diese kalte, aber ruhige Zeit kommt: so wend ich meinen Kopf nur rückwärts in dieselbe magische Perspektive, aus der ich noch dazu herkomme, und das alte Herz sonnet sich an der tiefen Wintersonne. Wie an Menschen, die einem frostigen Wind entgegengehen, so sieht an Alten das Gesicht bleich und eingewurzelt aus; kehren aber beide es um, so wird es warm und blühet wieder rot.

Platner sagt: wir haben nur ein Gedächtnis für die Freude, nicht für den Schmerz; ich sage: wir haben für beide dasselbe Gedächtnis – ja wir haben ein stärkeres für das Fehlschlagen der Hoffnungen als der Besorgnisse –, aber nicht dieselbe Phantasie; diese mildert und verklärt, also zieht sie auch um den Schmerz den Regenbogen.

Alle Glieder veralten am Menschen, aber doch nicht das Herz. Mit jedem Jahr werd ich meines jünger und weicher schreiben. Wenn ich Jünglinge sehe, werden sie mich so gut wie jetzt die Kinder mit ihren Rosenfesten laben, und ich werde ihnen zurufen: »O feiert sie nur recht hinaus, bis der Morgenstern am Himmel steht, aber erhitzt und erkältet euch nicht!« – Und meine guten Jugendfreunde, die mit mir denselben Blumengarten des Lebens gemeinschaftlich bewohnt haben, ach, wie können sie mir in der kalten Jahreszeit im Garten, wo schon mancher unter seinem Beete liegt, begegnen, ebenso gebückt von der Zeit wie ich, ohne daß mich diese zurückgebliebnen Frühlinge meines Daseins bis tief ins Herz erleuchten und erwärmen? – Und an Frühlingstagen und an Geburtstagen will ich den Mumienkasten öffnen und die alten Briefe und meine Antworten lesen, und mein ganzes Herz wird sich jugendlich erfüllen, und ich werde mit nassen Augen sagen: hab ich nicht eine ganze Ewigkeit vor mir zur Liebe?

Und wenn, wie im Haydnschen Konzert, ein Konzertist um den andern sein Licht auslöscht und mit dem Instrumente hinausgeht und ich etwa der Kontrabassist sein soll, der zuletzt spielt – ach nein, ich werde schon eher mein Licht ausblasen und die Noten einstecken; aber wär's auch: wir kommen doch alle wie im Haydnschen Stücke mit unsern Lichtern wieder.

Lebe wohl! Ich danke dir, daß ich dich bis hierher habe zum sanften Begleiter wählen dürfen. Ich packe jetzt auf morgen ein und nehme Abschied von so mancher Seele, die ich liebe. Sonderbar wirret sich jetzt Gegenwart und Zukunft, Reise und Alter durcheinander. – Und doch liegt der Abend draußen so hell-rot um die Welt!

HERMANN HESSE

Das unendliche Netz

Wer alt geworden ist und darauf achtet, der kann beobachten, wie trotz dem Schwinden der Kräfte und Potenzen ein Leben noch spät und bis zuletzt mit jedem Jahr das unendliche Netz seiner Beziehungen und Verflechtungen vergrößert und vervielfältigt und wie, solange ein Gedächtnis wach ist, doch von all dem Vergänglichen und Vergangenen nichts verloren geht.

THOMAS BERNHARD

Mein Urgroßvater war Schmalzhändler

Mein Urgroßvater war Schmalzhändler,
und heute
kennt ihn noch jeder
zwischen Henndorf und Thalgau, Seekirchen und
Köstendorf,
und sie hören seine Stimme und rücken
zusammen an seinem Tisch,
der auch der Tisch des Herrn war.
1881, im Frühjahr,
entschied er sich für das Leben: er pflanzte
Wein an der Hauswand
und rief die Bettler zusammen;
seine Frau, Maria, die mit dem schwarzen Band,
schenkte ihm weitere tausend Jahre.
Er erfand die Musik der Schweine
und das Feuer der Bitternis, er sprach vom Wind
und von der Hochzeit der Toten.
Er würde mir kein Stück Speck geben
für meine Verzweiflungen.

SIEGFRIED UNSELD

Der Ginkgo

Im September 1815 gab Goethe einer geliebten Freundin
ein Blatt des Ginkgo-Baumes als Symbol seiner liebenden
Zuneigung: dieses Blatt »von Osten ... Giebt geheimen
Sinn zu kosten«. Was wußte Goethe von diesem Ginkgo,

der heute Botanikern als der älteste Baum der Welt, als Urvater der Bäume gilt?

Goethe hatte Marianne Willemer ein Gedicht gewidmet, sie erwiderte mit einem Gedicht, und es entstand ein Wechselgesang. Drei Gedichte von ihr nahm Goethe in seinen West-östlichen Divan auf, ohne ihre Verfasserschaft zu erwähnen.

Ich bin durch meine Goethe-Studien mit dem Ginkgo bekannt geworden. Aufmerksam aber wurde ich, als ich in Japan, in Sonderheit in Tokyo, überall dem Ginkgo begegnete: Als Kultbaum im ehrwürdigen Tempel des Ueno-Parks, an der höchsten Pagode Tokyos im Tojo-Park, überall war der Ginkgo zu sehen als Wahrzeichen, als Wahrzeichen der Stadt Tokyo, der Universität Tokyo – und selbst der Müllabfuhr! Marianne Beuchert hat in ihrem Buch *Symbolik der Pflanzen* die besondere symbolische Bedeutung des Ginkgo, seiner Blätter, seiner botanischen Eigenschaften festgehalten. Der Baum ist Symbol für Hoffnung, langes Leben, Fruchtbarkeit, Freundschaft, Anpassung, Unbesiegbarkeit.

Erst in den letzten dreißig Jahren beschäftigten sich die Wissenschaftler mehrerer Disziplinen, Paläobotaniker, Botaniker, Biochemiker, Kulturhistoriker, Religionshistoriker, mit dieser Pflanze. P.-F. Michel hat in seinem Buch *Ein Baum besiegt die Zeit* wichtige Ergebnisse dieser wissenschaftlichen Studien zusammengefaßt und zugänglich gemacht.

Der Ginkgo ist ein robuster Baum, widerstandsfähig, keine Schädlinge wagen sich an ihn. Er ist anspruchslos gegenüber dem Klima. Er kann bei entsprechendem Alter vierzig Meter hoch werden. Vielleicht ist der Ginkgo, dieser Fächerblattbaum, wirklich die älteste Baumpflanze unseres Kosmos. Forscher geben seiner Geschichte über dreihundert Millionen Jahre. Da ist von der Trias, der Jura- und Kreidezeit die Rede, dann vom Tertiär. Schon vor etwa 60 Millionen Jahren, also längst bevor die ersten Menschen die Erde betraten, existierte er. Kein menschliches Auge hat ihn damals gesehen, Forscher erschließen seine Existenz aus Versteinerungen. Die Dinosaurier müssen den Baum gesehen haben! (Im Paläobotanischen Institut in Paris gibt es ein Bild, das Dinosaurier in einer Wasser- und Baumlandschaft vorstellt, die Bäume der Landschaft sind Ginkgos.) Im Tertiär wuchs der Baum in den riesigen Waldsümpfen und war nicht zuletzt beteiligt an der Heranbildung der Braunkohle. Im Biozän, kurz vor der Eiszeit, also vor einer Million Jahren, war der Ginkgo im Gebiet um das heutige Frankfurt am Main vertreten, da allerdings zum letzten Mal in Europa. Er rettete sich als einzige von vielen Arten nach dem wärmeren Ostasien.

In China sind die ersten Spuren des Ginkgo belegt. Ein chinesisches Medizinbuch, die »Materia medica« von 1578, erwähnt als einen Heimatort des Ginkgo Nanking. Im Jahre 1960 wurde in Nanking ein Grab geöffnet, in dem neben anderen Bäumen auch ein Ginkgo als Relief gefunden wurde: Unter den Bäumen gehen die Sieben Weisen des Bambushains ihren musischen Beschäftigungen nach. Die Entdeckung in der Grabkammer zeigte, daß das Auftreten des Ginkgo früher zu datieren ist, als seine Erwähnung in der Literatur im 11. Jahrhundert vermuten läßt. Es gibt ein Gedicht des Chinesen Onhang Xiu aus dem 11. Jahrhundert (ausgestellt in der Ginkgo-Ausstellung im Schloß Belvedere, Weimar 1995):

Ginkgo

Als die erste Ernte kam, trugen die Bäume nur drei, vier Nüsse.

Aus einer goldenen Schale wurden sie dem Throne dargebracht.

Die Würdenträger und Minister kannten sie nicht. Und der Sohn des Himmels gab eine Belohnung von hundert Silbermünzen.

Jetzt, nach einigen Jahren, tragen die Bäume immer mehr,

Sie haben üppige Zweige getrieben.

Der Besitzer des Baums, um einen lieben Gast zu ehren,

beschenkte mich mit diesen Nüssen wie mit Perlen.

Die Pflanze hieß erst »Entenfuß«, chinesisch ya-chiao (sprich ja-djiau). Da dies eine volkstümlich-derbe Bezeichnung ist, konnte sie nicht in die Literatursprache eingehen. So wurde die Pflanze Mitte des 11. Jahrhunderts umbenannt. Sie hieß nun yin-hsing (etwa jin-chin). Yin = Silber, hsing = Aprikose, also Silber-Aprikose. Unter dieser Bezeichnung erscheint, so Günther Debon, der Baum auch als Bildtitel im Katalog der kaiserlichen Gemäldesammlungen von 1123, wo im 19. Kapitel ein »Greis unter Silber-Aprikose« verzeichnet ist. Später wurde das Holz des Baumes beachtet; da es polierfähig ist, wurde es für das Schnitzen von Schachfiguren benutzt.

Erst vor 250 Jahren kam der Ginkgo wieder nach Europa. Einen großen Anteil an dieser Rückkehr hatte der Deutsche Engelbert Kaempfer (1651-1716), der als neuerer Entdecker des Ginkgo-Baumes gilt; er bereiste im Auftrag der niederländischen Ostindischen Companie mehrere Gebiete Ostasiens. Er war einer der gelehrtesten Männer seiner Zeit; er konnte Griechisch und Latein und sprach viele

Sprachen: Englisch, Französisch, Russisch, Polnisch, Bereits von Kaempfer wissen wir, daß in Japan die gerösteten Kerne des Ginkgo als Delikatesse sehr geschätzt sind, daß sie Gesundheit und langes Leben bringen sollen. Bei Hochzeiten und anderen Festlichkeiten werden sie rot eingefärbt und sind unverzichtbares Lebenselixier.

Durch Engelbert Kaempfer also wurde der Ginkgo in Europa wieder heimisch. Zuerst wurde er in den Niederlanden gesichtet, im Botanischen Garten von Utrecht wurden die ersten Kulturversuche durch Aussaat unternommen. Im Jahre 1795 wurde ein Ginkgo am Eingang des Botanischen Gartens von Leiden gepflanzt, man kann den ebenmäßig gewachsenen Baum noch heute sehen. In Deutschland gibt es wohl in Jena, Dresden und Frankfurt am Main die meisten Ginkgo-Bäume.

Was ist botanisch das Besondere am Ginkgo? Der Baum ist nicht klassifizierbar. Es gibt mehrere Besonderheiten. Der Ginkgo ist ein Fächerblattbaum. Er gehört nicht in die Familie der Nadelhölzer und nicht in die der Laubhölzer. Er stellt eine eigene Familie mit sehr vielen fossilen Arten dar. Auffällig ist vor allem die ungewöhnliche Blattform, eben der Fächer: Im Umriß ist das Blatt dreieckig-fächerförmig; an der Vorderkante sind die Fächerblätter stärker gewellt oder gebuchtet, vorn in der Regel tiefer eingeschnitten, so daß das Blatt zweilappig erscheint. Der Blattstiel ist lang, und es gibt keine mittlere Rippe, sondern zwei Seitenrippen.

Man kann beobachten, daß diese Blattgestalt unterschiedlich ist, ein Ginkgozweig hat Lang- und Kurztriebe, bei den Langtrieben sind die Blätter weiter voneinander entfernt und zeigen die typische zweilappige Form, bei den Kurztrieben stehen sie eng zueinander und sind meist ohne diesen Einschnitt. Der Ginkgo beginnt im Mai zu grünen, er ist ein sommergrüner Baum. Ginkgo biloba ist eingeschlechtlich, d. h., ein Baum ist entweder männlich oder weiblich, so daß die Botanik von Zweihäusigkeit spricht. Herr Ginkgo und Frau Ginkgo leben getrennt und entwickeln ihre Samenzellen auf verschiedenen Bäumen. In seiner Gestalt variiert der Baum. Beim männlichen überwiegt in der Regel die schlanke Säulenform, beim weiblichen Geschlecht eine ausladende Kronenform. Allerdings gibt es viele Abweichungen, allein nach der Wuchsform ist das Geschlecht nicht zu bestimmen.

Goethe hat einmal seinem Großherzog gegenüber das Ginkgo-Blatt so bestimmt: »Die Blätter des Baums haben das Eigene, daß sie sich in jüngeren Jahren in der Gestalt zeigen ... wo ein Einschnitt in dem Fächer kaum angedeutet ist. Dieser Einschnitt aber nimmt an späteren Zweigen zu ... und zwar endlich dergestalt, daß es zwey Blätter zu sein scheinen.« Hier muß freilich eine Korrektur angebracht sein. Es trifft nicht zu, daß die kleineren Einschnitte sich im Fächer jüngerer Bäume und die tieferen sich in den Blättern älterer Bäume befinden. Oftmals weisen junge Blätter die tiefen Einschnitte auf, während ältere Blätter kaum Andeutungen einer Zweilappigkeit zeigen; an ein und demselben Baum kann es zudem Variationen der verschiedenen Einkerbungen geben. Goethe aber konnte in botanischer Hinsicht sicher weniger von Ginkgo-Bäumen wissen als Forscher heute.

Neben der Fächerform ist weiterhin charakteristisch die gabelnervige Blattspreite. Die Nerven des Blattes gehen von der Basis eines feinen Stiels nach oben bis zum Rande.

Es gibt also eine merkwürdige Nervatur des Blattes. Es sind zwei Nervenbündel, schon gleich hinter dem Spreitenansatz werden beide Bündel gabelförmig aufgegliedert. Zusammen mit dem Blattgrundriß bildet dieses Lineament aus spitzwinkligen Leitbündeln das sehr prägnante, eigenartige Muster. Die Blätter färben sich im Herbst leuchtend hellgelb, fast golden.

Er ist ein durchaus eigener Baum. Marianne Beuchert schrieb: »Er ist noch kein Blattbaum (obwohl er scheinbar Blätter trägt), kein Nadelbaum, sondern ein eigener Versuch der Natur, aus der man die Ordnung der Ginkgoales bildet.«

Der Ginkgo hat in der Pflanzenwelt eine einmalige Art der Vermehrung. Erinnert sei an die Zweihäusigkeit. Zunächst ist die Fortpflanzung normal. Die Staubbeutel der männlichen Blüten öffnen sich, schütten ihre Pollenfracht aus, die Pollen werden vom Wind verbreitet. Dann müßten sie die Eizelle befruchten. Nicht so beim Ginkgo. Zum Zeitpunkt der Bestäubung Anfang Mai ist keine befruchtungsfähige Eizelle vorhanden. Der eingefangene Pollen wird zunächst auf Halde gelegt: Erst wenn die Pollen die weibliche Blüte erreicht haben und durch einen Bestäubungstropfen eingesogen wurden, beginnt die Samenanlage der weiblichen Blüte zu wachsen, im Hochsommer hat sie die Größe einer Kirsche erreicht. In den Samenanlagen entsteht der weibliche Gametophyt. Erst dann bei Herbstbeginn – fünf Monate nach der Bestäubung – kann die Befruchtung stattfinden. Es wird an der sehr komplizierten Befruchtung des Ginkgo geforscht. Nach dem heutigen Stand der Forschung geben die abgelagerten Pollen begeißelte Spermatozoiden ab. Durch einen winzigen

Flüssigkeitstropfen schwimmen die Spermatozoiden zur Eizelle. Die »Fruchtanlage« fällt auf den Boden, es entsteht ein Embryo, aus dem sich ein neuer Baum entwickeln kann. Was wir für Früchte wie Mirabellen halten, ist die gelbe Samenanlage. In dieser Anlage sind Fettsäuren enthalten, die beim Zerfall des Samenfleisches einen unangenehmen ranzigen Geruch verströmen. Der Kern schmeckt aber, wenn man ihn von seiner Schale befreit, ganz gut und ist in gerösteter Form sehr schmackhaft.

Der Ginkgo wurde insbesondere durch die Form des geteilten Blattes und durch seine Zweihäusigkeit zum Sinnbild des dialektischen Yin und Yang, des weiblichen und männlichen Prinzips, von Freud und Leid, Leben und Tod. Mit dem Ginkgo ist in unserer Zeit ein neues Symbol mit weltweiter Geltung entstanden, ein Symbol der Unbesiegbarkeit, der Hoffnung. Der Ginkgo ist ein großer, anerkannter, zu den Weltbäumen gehörender Baum geworden. Manchmal meint man, ihm sein ihm widerfahrenes Leid anzusehen, so wie seine Blätter an den kleinen Ästen dicht am Stamme kleben. Aber er wächst. Der berühmte Paläobotaniker Sir Albert Seward meldete sich mit der Beobachtung: Der Ginkgo ist »ein Weltenbaum, der die Geheimnisse einer unermeßlichen Vergangenheit bewahrt«.

In New York werden mehr und mehr Ginkgo als Straßenbäume gepflanzt, und nicht wenige glauben, daß der Ginkgo New York überdauern wird. Sicher, es war in unserem Jahrhundert durchaus Interesse an dem Ginkgo biloba vorhanden, ein wissenschaftliches Interesse, ein mythologisches Interesse, das Interesse an Goethe. Doch weiterhin bekannt und neu erforscht wurde der Ginkgo erst, nachdem das Wunder bekannt geworden war: In Hiroshima war ein Ginkgo, der nur 800 m vom Zentrum der Explosion der ersten Atombombe entfernt stand, total zerstört worden, wie alles in dieser Zone. Man dokumentierte und fotografierte ihn als Atombomben-Ginkgo von Hosenbo in Hiroshima. Und nun das Wunder: Ein Jahr nach dem Abwurf der Atombombe, im folgenden Frühling 1946, trieb ein frisches, schüchternes Reis aus dem alten verdorrten Wurzelstock. Das war nicht nur eine botanische Sensation.

Nach dem Wunder von Hiroshima begann die medizinische Wissenschaft, den Ginkgo zu untersuchen, und entdeckte seine Heilkräfte. Sie sind bei weitem noch nicht gründlich erforscht, begann bei uns die Forschung doch erst im letzten Jahrzehnt. Gertrud Scherf hat in ihrem Buch Die Kraft der Heilpflanzen – Ginkgo die möglichen Heilwirkungen ausführlich dargestellt: »Seine wichtigste Aufgabe erfüllt Ginkgo als Heilpflanze: in der traditionel[en chinesischen Medizin, in der Homöopathie, in der asiatischen Volksmedizin und in der modernen Pflanzenheilkunde. Ginkgo-Extrakt ist bekannt für seine durchblutungsfördernde Wirkung, hilft jedoch auch bei einer Vielzahl anderer Beschwerden.«

Was man wußte, ist, daß die Ginkgo-Nüsse schon seit früherer Zeit als Heilmittel eingesetzt wurden. Es handelt sich dabei um die von der übelriechenden fleischigen Außenschicht befreiten Samenanlagen. Man nimmt die in die sogenannte »Nußschale« gehüllten Kerne und kocht sie in der Regel oder röstet sie. Die Kerne sind arm an Fetten und reich an Stärke und Eiweiß.

Von diesen Ginkgonüssen kennt die Medizin seit Jahrhunderten die unterschiedlichen Indikationen, insbesondere gegen Husten, Asthma, Nervosität. Manchmal fanden sie Anwendung gegen Pocken. Aus Ginkgoblättern wurden im frühen China Pflaster und Tees gewonnen. Sie sollen als Mittel bei Asthma, Bluthochdruck und Ohrensausen, aber auch bei Angina pectoris eingesetzt worden ein. Wolfgang Caesar, Mediziner im Deutschen Apotheker Verlag, weiß zu berichten: »Der weltweite Siegeszug des Ginkgo als Arzneipflanze begann erst nach dem Zweiten Weltkrieg. In den sechziger Jahren stellte eine deutsche Forschergruppe fest, daß der nach einem bestimmten Verfahren gewonnene Extrakt aus Ginkgoblättern durchblutungsfördernde Eigenschaften besitzt. Seither werden Ginkgoblatt-Extrakte zur Behandlung körperlicher Leiden eingesetzt, bei denen Ginkgo früher nicht indiziert war, zum Beispiel bei zerebralen Durchblutungsstörungen, insbesondere der Beine.« Die Extrakte setzten sich rasch durch. 1992 hatten verschiedene Präparate, die mittlerweile in Deutschland auf dem Markt sind, einen Umsatz von 370 Millionen Mark erreicht, das entspricht einem Drittel aller durchblutungsfördernden Mittel. Dirk R. Munck, Inhaber der Münster-Apotheke in Überlingen, kennt mehr als 70 Ginkgo-Präparate. Die bekanntesten sind Kaveri, Tebonin, Gingium, Craton, Roekan, Ginkobil, Ginkgo comp. und Ginkgo 405. Erst vor wenigen Jahren wurde ein Mittel gegen arterielle Durchblutungsstörungen bekannt: »Tebonun«. Es wird aus dem Trockenextrakt von Ginkgo-Blättern hergestellt, eingestellt auf 9,6 mg Ginkgo flavon glykoside, und dient der Behandlung von Hirnleistungsstörungen und Vigilanz mit den Symptomen Schwindel, Ohrensausen, Kopfschmerzen, Gedächtnisschwäche. Auch in den USA wird die Forschung weiter vorangetrieben. Man versucht zwei Stoffgruppen aus Ginkgoblättern zu gewinnen: Flavonoide und Terpenoide. Zu den Terpenoiden zählen u. a. fünf Ginkgolide. Der Amerikaner E. J. Coresy wurde 1990 unter anderem für die Synthese der Ginkgolide mit dem Nobelpreis für Chemie ausgezeichnet.

Obschon die Wissenschaft nicht sehr weit fortgeschritten ist, konnte die therapeutische Wirksamkeit bestimmter Spezialextrakte des Ginkgo nachgewiesen und ihre Anwendung bei »peripheren arteriellen Verschlußkrankheiten« vom Bundesgesundheitsamt bestätigt werden. Sie sind aus der Sicht der phytotherapeutischen Therapierichtung bei Durchblutungsstörungen anzuwenden, die vor allem im Alter im Gehirn und in den Gliedmaßen auftreten.

Man kann also sagen: Der Ginkgo hilft besonders im fortgeschrittenen Alter, Gesundheit zu erhalten.

So ist der Pflanze Ginkgo ein Geheimnis entlockt, dieser – wie Goethe sagte – Pflanze »aus dem Osten«, die uns »geheimen Sinn zu kosten« gibt.

KONSTANTINOS KAVAFIS
Ithaka

Wenn du deine Reise nach Ithaka antrittst,
So hoffe, dass der Weg lang sei,
Reich an Entdeckungen und Erlebnissen ...

Hoffe, dass der Weg lang sei,
Voll Sommermorgen, wenn du,
Mit welchem Vergnügen, mit welcher Freude,

In bisher unbekannte Häfen einfährst.
Unterbrich deine Fahrt an phönizischen Handelsplätzen,
Und erwirb schöne Waren,
Perlmutt, Korallen, Bernstein und Ebenholz,
Allerlei berauschende Essenzen.
Besuche viele ägyptische Städte,
Und lerne mehr und mehr von den Gelehrten.

Bewahre stets Ithaka in deinen Gedanken.
Dort anzukommen ist dein Ziel.
Aber beeile dich auf der Reise nicht.
Besser, dass sie lange Jahre dauert,
Dass du als alter Mann erst vor der Insel ankerst,
Reich an allem, was du auf diesem Weg erworben hast,
Ohne die Erwartung, dass Ithaka dir Reichtum schenkt.
Ithaka hat dir eine schöne Reise beschert.
Ohne Ithaka wärst du nicht aufgebrochen.
Jetzt hat es dir nichts mehr zu geben.

Und auch wenn du es arm findest, hat Ithaka
Dich nicht enttäuscht. Weise geworden, mit solcher
Erfahrung
Begreifst du ja bereits, was Ithakas bedeuten.

Entschließungen für mein Alter

Keine junge Frau heiraten.

Keine jungen Gefährten an mich fesseln, wenn sie es nicht wirklich wünschen.

Nicht launisch, mürrisch und mißtrauisch werden.

Nicht die jeweilige Lebensweise, Denkart, Mode oder den Soldatenstand geringschätzen.

Nicht zu kinderfreundlich werden oder mir die Kinder zu nahe kommen lassen.

Nicht immer die gleiche Geschichte den gleichen Leuten erzählen.

Nicht habgierig werden.

Schicklichkeit und Sauberkeit nicht vernachlässigen, aus Furcht, abstoßend zu werden.

Mit jungen Menschen nicht überstreng sein, sondern für ihre jugendlichen Torheiten und Schwächen Verständnis zeigen.

Nicht freigebig mit gutem Rat sein, noch jemand damit belästigen; es sei denn, man wünsche ihn.

Einige gute Freunde bitten, mich ins Bild zu setzen, welche von diesen Vorsätzen ich breche oder vernachlässige, und mir zu sagen, in welcher Weise ich dagegen verstoße; und mich demgemäß bessern.

Nicht viel reden, erst recht nicht von mir selbst. Nicht mit meinem früheren guten Aussehen, meiner Kraft oder meinen Erfolgen bei Damen usw. prahlen. Nicht auf Schmeicheleien hören, noch mir einbilden, ich könne von einer jungen Frau geliebt werden; et eos qui haereditatem captant, odisse ac vitare.

Nicht rechthaberisch und starrköpfig sein.

Nicht aufhören, allen diesen Regeln nachzuleben, aus der Befürchtung, es könnte mir unmöglich werden, sie zu befolgen.

DIETER HILDEBRANDT
Guten Morgen, Alter!

Ich wache auf, fasse im Halbschlaf nach rechts, wo Renate immer liegt ... wo ist sie? Sie ist weg, ohne sich zu verabschieden. Hat sie mich verlassen? Gehen jetzt die Frauen auch Zigaretten holen und werden irgendwann einmal auf den Lofoten gesehen? Mit einem knackigen norwegischen Fischer?

Habe ich ihr gestern nicht richtig zugehört, als sie ankündigte, sie habe es satt, mit einem Mann zusammenzuleben, der alle drei Tage seinen Schreibspeicher verläßt, herunterkommt, um ihr mitzuteilen, daß er bei Seite 104 ist, und fragt, wer im Moment gerade an der Regierung ist?

Das kann nicht sein. Sie hat gestern abend ferngesehen. Sie hat sich fast zu Tode gelacht über eine (Gesprächsveranstaltung oder Talk-Show, bei der drei 75jährige Männer ihre neuen Babies von ihren 20jährigen Frauen mit zitternden Händen in die Kameras hielten. Ich erinnere mich genau, was sie gesagt hat ...

Moment. Das war so ... Himmel, es war doch erst gestern abend.

Was habe ich denn getrunken? Rioja. Na ja, da muß man einräumen, daß das ein Arbeitstrinken gewesen ist.

Ich liege jetzt um 9 Uhr 30 im Bett. Das ist nicht normal. Wie bin ich reingekommen? Würdig oder mit diesen Augen, von denen Renate sagt, sie hätten Ähnlichkeit mit denen irischer Dichter, die Whisky wie Faßbrause trinken.

Vielleicht ist sie gleich heute nacht zu unseren Freunden gezogen?

Nee, der Mann war ja Teilnehmer an dem Arbeitstrinken. Vielleicht sind die Frauen auf den Lofoten?

Sie saßen beide ziemlich arbeitstrinkfeindlich vor dem Apparat und haben gelacht über Männer, die geringfügig älter waren als ich.

WUSSOW!

Da haben sie gelacht. Die Frauen. Und sie haben gesagt: »Putzig! Der Wussow erzeugt seine eigenen Urenkel. Und aus den Kinderaugen steigt die bange Frage auf: ›Opa, bist du wirklich mein Papa?‹«

Oder war das vorgestern?

Halt, es lichtet sich. Auf dem Küchentisch liegt ein Einkaufszettel! Das heißt zunächst einmal, sie kommt wieder. Das Telefon klingelt.

»Ja?« Kurz, knapp. »Ja?«

Der drüben will wissen, wer am Apparat ist. Rückfrage meinerseits: »Wen haben Sie denn angerufen?«

Drüben hängt ein.

Hat es nicht geläutet? Ziemlich energisch sogar. Die Post?

Jetzt bummert's an der Haustür. Unverschämt!

Der Stromableser. Netter Mann. Ich entschuldige mich. Er war angemeldet.

Es klingelt oben. Renates Telefon. Ich habe jetzt keine ... Es klingelt wieder. Ich gehe hoch. Es klingelt nicht mehr.

Aber irgendwas tutet. Unten. Im Keller.

Der Trockner.

Der Stromableser ruft aus dem Keller: »Ihr Trockner tutet!«

Ich will runter, der Stromableser ist fertig und will rauf. Der Treppengang ist zu schmal.

In dem Moment fällt es mir ein. In zehn Minuten sollte ich Renate beim Friseur abholen. Ich brauche aber 15 Minuten.

Ganz oben, in meinem Arbeitszimmer, klingelt das Telefon. Ich sause, während ich mir den Mantel anziehe, hinauf, es meldet sich ein Mensch und will mir erklären, warum er in Mecklenburg ein Satirefestival ... der Stromableser braucht meine Unterschrift, das Paketauto ist da, und das Faxgerät kündigt einen langen Bandwurm über die Hintergründe des Hungerstreiks in Savaniho an, der Paketbringer will 2 Mark 30. Das Kleingeld ist in der Hose von gestern, die ist oben. Es trifft sich gut. Denn oben läutet das Telefon. Renate ist dran und fragt, ob ich denn ganz vergessen hätte, daß sie mir heute morgen um 8 Uhr 30 ...

Glück breitet sich in mir aus. Sie ist nicht auf den Lofoten.

Ein ohrenbetäubendes Geräusch aus der Küche. Der Dreitonwasserkessel meldet: Wasser heiß! Ach ja. Im letzten Moment wird mir klar, daß ich damit nicht die Blumen gießen wollte.

Das Zerstreuteste an Zerstreutheit habe ich Renate noch gar nicht gebeichtet. Wir haben zwei Telefonanschlüsse, einen für Renates Berufsgespräche und einen für die meinen. Man wählt manchmal, weil man mit den Gedanken verreist ist, eine Nummer, die immerwährend im Kopf herumliegt, und stellt beschämt fest, daß es die eigene ist, nachdem sie dauernd besetzt war.

Mir ist etwas Putziges gelungen. Ich wählte die Nummer von Renate, hörte eine Treppe tiefer das Telefon läuten, legte meinen Hörer hin, ging runter, meldete mich und schimpfte auf den, der da angerufen hat und sich nicht meldete.

Renate ruft wieder an und fragt noch einmal, ob ich denn vergessen hätte, daß sie mir heute morgen um 8 Uhr 30 . . .

»Jaahaa!« rufe ich fröhlich, »ich komme!«

»Nein!«, und jetzt ist sie fast unwillig. Ob ich denn vergessen hätte, daß sie mir heute morgen um 8 Uhr 30 gesagt hätte, ich solle sie nicht abholen, weil sie mit dem Auto fahren würde, da sie anschließend noch zwei Termine . . .

Aha.

Und da sehe ich durch das Fenster die Müllabfuhr herannahen. Um Gottes willen!

Vor einigen Tagen hatte ich mir fest vorgenommen, das neue Müllsammelsystem zu erlernen. Ein Prospekt liegt auf dem Tisch. Die Stadt hat sich so große Mühe gegeben. »Abfalltrennen leicht gemacht.«

Papier zu mir! Und Bio hier!

Erst hatten wir zwei graue Tonnen. Jetzt haben wir eine blaue, eine braune und eine Restmülltonne. Und schwupps habe ich die Restbiosachen und den Papiermüllhygiene- müll und den halben Zentner Faxmüll und den Zentner Werbemist, der aus den Zeitungen fällt, mitsamt den Zeitungen . . .

»Haaalt!!« hat der Nachbar gerufen. »Faalsch!«

Schräg gegenüber sah ich ihn bis zum Bauch in der blauen Tonne hocken und beschichtetes Papier aussortieren, das er reingeschmissen hatte. Das aber gehörte in eine Bündelsammlung, und die gehört in die Wertstoffinsel, und der Rest vom Kabeljau darf nicht in die Biodings, die Bücher dürfen bloß ohne Umschlag zum Papier, und Salate mit Öl müssen in die Resttonne, die mit ohne Öl in die braune, und die Sträucher müssen zum Häckselhof ... nein, die Steine sollen zum Wertstoffhof, und bei Wurstpellen weiß man nicht ... Eierschalen braun, Briefe blau, Knochen grau, und man selbst, so man nicht völlig durch den Wind gedreht ist, nicht in die Biotonne. Warten Sie auf den Häckseldienst.

Renate, komm nach Hause!

WILHELM BUSCH

Wenn ich dereinst

Wenn ich dereinst ganz alt und schwach,
Und's ist mal ein milder Sommertag,
So hink ich wohl aus dem kleinen Haus
Bis unter den Lindenbaum hinaus.
Da setz ich mich denn im Sonnenschein
Einsam und still auf die Bank von Stein,
Denk an vergangene Zeiten zurücke
Und schreibe mit meiner alten Krücke
Und mit der alten zitternden Hand
So vor mir in den Sand.

Gudo und der Kaiser

EINE ZENGESCHICHTE

Der Kaiser Goyozei studierte Zen unter Gudo. Er erkundigte sich: »Im Zen ist der Geist Buddha. Ist das richtig?«

Gudo antwortete: »Wenn ich ja sage, so werdet Ihr denken, daß Ihr versteht, ohne zu verstehen. Wenn ich nein sage, so würde ich einer Tatsache widersprechen, die von vielen sehr gut verstanden wird.« An einem anderen Tag fragte der Kaiser den Gudo: »Wohin geht der erleuchtete Mensch, wenn er stirbt?«

Gudo antwortete: »Ich weiß es nicht.«

»Warum weißt du es nicht?« fragte der Kaiser. »Weil ich noch nicht gestorben bin«, antwortete Gudo.

Der Kaiser zögerte, noch weitere Fragen über diese Dinge zu stellen, die sein Geist nicht erfassen konnte. Da schlug Gudo den Boden mit seiner Hand, als wolle er ihn aufwecken, und der Kaiser war erleuchtet! Der Kaiser schätzte Zen und den alten Gudo höher als seine Erleuchtung, und er erlaubte Gudo sogar, im Winter seine Mütze im Palast zu tragen. Als Gudo über achtzig war, pflegte er oft inmitten des Unterrichts einzuschlafen, und der Kaiser zog sich dann leise in einen anderen Raum zurück, so daß sein geliebter Lehrer sich der Ruhe erfreuen konnte, die sein altersschwacher Körper benötigte.

HITONARI TSUJI
Der weiße Buddha

In jener Nacht kam Minoru auf die Idee, eine Buddha-Statue aus Knochen zu errichten.

Bis zum Morgen hatte er sich schlaflos hin und her gewälzt, immer wieder seine Frau von der Seite betrachtet und an die Toten gedacht. Würde er all diese Menschen je wieder sehen? Oder waren sie ihm für ewig entrissen?

Auf dem Gesicht der schlafenden Nue lag eine gewisse feierliche Würde, in der sich der Wille der Toten zu manifestieren schien. Auch Nue würde ihn irgendwann verlassen. Musste man im Leben immer Abschied nehmen? Sachte ergriff er ihre Hand und drückte sie. Seine Augen füllten sich mit Tränen. Er staunte über sich selbst. Ob das Alter ihn schon rührselig machte? Aber wäre es nicht ein sehr menschlicher Gedanke, wenn die, die in der Vergangenheit gelebt hatten, mit jenen, die künftig leben würden, eins werden könnten? Minoru überlegte. Wäre es nicht ein Glück, wenn sie sich über alle Freuden und Leiden hinweg vermischen und so zu ihrem gemeinsamen Ursprung zurückkehren könnten?

Damit war Minorus Idee geboren, aus allen Gräbern der Insel die Knochen herauszunehmen, sie zu zermahlen und eine Buddha-Statue daraus zu formen. Im gleichen Augenblick lösten sich alle Fragen, die ihn bis dahin gequält hatten. Man brauchte die Urnen ja gar nicht in einem gemeinsamen Schrein zu versammeln, sondern würde einfach die Knochen aller Verstorbenen in der Statue vereinen. Ein bisschen absurd erschien ihm der Gedanke anfangs schon, und er musste lachen. Doch bald nahm die Statue in seinem Geist eine so deutliche und erhabene Gestalt an, dass er schauderte.

In dieser Nacht tat er kein Auge zu. War ein solches Unterfangen überhaupt durchführbar? Wenn ja, dann würden sie alle mit ihren Vorfahren eins, es gäbe keine Trennung mehr. Vielleicht könnten sie im Jenseits wieder beisammen sein. Und wenn sie zu einem Buddha verschmolzen, würden sie bei den künftigen Bewohnern der Insel nie in Vergessenheit geraten.

Ein Buddha, der ein Wiedersehen im nächsten Leben versprach. Eine Grabstätte, die niemand vergessen würde, solange die Insel existierte. Ein Ort, an dem die Enkel mit ihren Ahnen kommunizieren konnten. Ein Denkmal, das die Bande aller verewigte, die auf der Insel Ono zusammengetroffen waren. Eine Zukunft, die eins wurde mit der Vergangenheit …

Minorus Gedanken flogen, wie im Rausch lag er in seinem Futon. Allmählich wurde es hell, und vor den Fensterläden erwachte die Welt. In der Ferne ertönten die Rufe von Wildgänsen. Am anderen Ende der Insel krähte beflissen ein Hahn.

[…]

Noch am selben Tag begann Minoru zu experimentieren. Als erstes ließ er sich vom Metzger in Shinden Schweineknochen geben, brachte sie in seine Werkstatt und hämmerte und sägte an ihnen herum, um sie zu zerkleinern. Immer wieder schlug er mit dem Hammer auf die Knochensplitter, aber auf diese Art wurden sie einfach nicht klein genug. Überdies dauerte das alles viel zu lange.

Nue, die nach ihm schauen wollte, fehlten die Worte, als sie ihn zwischen all den Knochen sitzen sah. Noch nie hatte sie so viele Knochen auf einem Haufen gesehen. Der groteske Anblick verschlug ihr die Sprache.

»Was in aller Welt machst du da?«, fragte sie ihren Mann, als sie sich etwas erholt hatte.

»Einen Buddha«, antwortete er. Der Schweiß rann ihm von der Stirn.

Nun erzählte er ihr von seiner Idee, aus den Knochen sämtlicher Gräber der Insel einen Buddha zu formen. Mit vor Erstaunen geweiteten Augen starrte Nue auf die Schweineknochen. Dass Minoru kein Mensch war, der einer bloßen Laune folgte, wusste niemand besser als sie. Sie setzte sich neben ihn und versuchte sich den Buddha vorzustellen. Allerdings erschien ihr dieser Einfall ziemlich bizarr, und wenn sie es sich recht überlegte, auch nicht ganz geheuer.

»Würde es nicht genügen, alle Urnen zusammen in einen Schrein zu stellen?«, fragte sie.

Minoru nickte. »Auch das wäre nicht schlecht. Aber vielleicht können wir noch einen besseren Weg finden, unsere Vorfahren mit Stolz zu verehren? Ein Schrein mit einem solchen Buddha würde niemals in Vergessenheit geraten, denn in ihm wären die Knochen und Seelen von uns allen vereint.«

Minoru arbeitete wie besessen. Der Gedanke, alle Gräber auf der Insel zu öffnen, die Knochen herauszunehmen, zu pulverisieren und zu einem Buddha zu verarbeiten, ließ Nue bis in ihr Innerstes erschauern.

»Mir gefällt es auch, dass dann alle zusammen wären, auf der anderen Seite erschreckt es mich.« Nue sagte ihrem Mann ehrlich, was sie empfand, und schaute ihm forschend ins Gesicht. Die Vorstellung, dass ihre eigenen Knochen nach ihrem Tod mit denen anderer vermischt werden sollten, rief ein unbeschreibliches Gefühl in ihr hervor.

»Aber wovor hast du Angst? Wir leben alle auf derselben Insel. Unsere Vorfahren standen einander ganz bestimmt sehr nah. Außerdem haben ohnehin alle Menschen den gleichen Ursprung, oder nicht?«

»Ja, aber selbst auf unserer kleinen Insel hat jeder seine eigenen Ansichten, seinen eigenen Platz im Leben, jeder ist stolz darauf, anders zu sein als die anderen. Kann eine Statue wirklich für so viele unterschiedliche Menschen stehen?«

Minoru nickte lächelnd. »Ganz gleich, ob man reich ist oder arm, ein prächtiges Grab hat oder nicht, nichts auf der Erde ist für die Ewigkeit. Irgendwann einmal gerät alles in Vergessenheit, so wie die namenlosen Gräber im Schilf. Eigentlich werden doch die meisten Gräber vergessen. Es gibt nichts Traurigeres als Gräber, die niemand mehr besucht. Doch wenn wir alle unsere Vorfahren in einer Statue vereinen, bleiben sie unvergessen, solange unsere Insel besteht.«

Nue nickte, aber ganz zu zerstreuen vermochte er ihre Bedenken nicht. Konnte man so etwas wirklich tun? Sie betrachtete den Haufen von Schweineknochen, schluckte ihre Zweifel jedoch hinunter.

»Das Wichtigste ist, dass wir alle vereint sein werden.«

JOHANN WOLFGANG GOETHE

Vermächtnis

Kein Wesen kann zu nichts zerfallen,
Das Ew'ge regt sich fort in allen,
Am Sein erhalte dich beglückt!
Das Sein ist ewig, denn Gesetze
Bewahren die lebend'gen Schätze
Aus welchen sich das All geschmückt.

Das Wahre war schon längst gefunden,
Hat edle Geisterschaft verbunden,
Das alte Wahre fass' es an.
Verdank' es, Erdensohn, dem Weisen
Der ihr die Sonne zu umkreisen
Und dem Geschwister wies die Bahn.

Sofort nun wende dich nach innen,
Das Zentrum findest du da drinnen
Woran kein Edler zweifeln mag.
Wirst keine Regel da vermissen,
Denn das selbständige Gewissen
Ist Sonne deinem Sittentag.

Den Sinnen hast du dann zu trauen,
Kein Falsches lassen sie dich schauen
Wenn dein Verstand dich wach erhält.
Mit frischem Blick bemerke freudig,
Und wandle sicher wie geschmeidig,
Durch Auen reichbegabter Welt.

Genieße mäßig Füll' und Segen,
Vernunft sei überall zugegen
Wo Leben sich des Lebens freut.
Dann ist Vergangenheit beständig,
Das Künftige voraus lebendig,
Der Augenblick ist Ewigkeit.

Und war es endlich dir gelungen,
Und bist du vom Gefühl durchdrungen:
Was fruchtbar ist allein ist wahr;
Du prüfst das allgemeine Walten,
Es wird nach seiner Weise schalten,
Geselle dich zur kleinsten Schar.

Und wie von Alters her, im stillen,
Ein Liebewerk, nach eignem Willen,
Der Philosoph, der Dichter schuf;
So wirst du schönste Gunst erzielen:
Denn edlen Seelen vorzufühlen
Ist wünschenswertester Beruf.

HERMANN HESSE

Wert des Alters

Das Altwerden ist ja nicht bloß ein Abbauen und Hin-
welken, es hat, wie jede Lebensstufe, seine eigenen Werte,
seinen eigenen Zauber, seine eigene Weisheit, seine eigene Trauer, und in Zeiten einer einigermaßen blühenden
Kultur hat man mit Recht dem Alter eine gewisse Ehrfurcht erwiesen, welche heut von der Jugend in Anspruch

genommen wird. Wir wollen das der Jugend nicht weiter übelnehmen. Aber wir wollen uns doch nicht aufschwatzen lassen, das Alter sei nichts wert.

KUSHWANT SINGH

Bildnis einer Dame

Meine Großmutter war, wie jedermanns Großmutter, eine alte Frau. Seit ich sie kannte, die ganzen zwanzig Jahre lang, war sie schon alt und runzlig gewesen. Die Leute sagten, sie wäre einmal jung und hübsch gewesen, hätte sogar einen Ehemann gehabt, aber das war schwer zu glauben. Das Porträt meines Großvaters hing über dem Kaminsims im Wohnzimmer. Er trug einen großen Turban und weit wallende Kleidung. Ein langer weißer Bart bedeckte den größten Teil seines Brustkastens, und er sah aus, als wäre er mindestens hundert Jahre alt. Er wirkte nicht wie jemand, der Frau und Kinder hatte. Er sah aus, als könnte er nur jede Menge Enkelkinder haben. Und daß meine Großmutter jung und hübsch gewesen sein sollte, der Gedanke war beinahe empörend. Sie erzählte uns oft von den Spielen, die sie als Kind gespielt hatte. Das erschien uns ziemlich absurd und ihrer nicht würdig, und wir gingen damit um wie mit den Fabeln von den Propheten, die sie uns immer erzählte.

Sie war immer schon klein und dick und ein wenig krumm gewesen. Ihr Gesicht war ein Zickzack von Falten von überall nach überall. Nein, wir waren uns sicher, sie war immer schon so gewesen, wie wir sie kannten. Alt, so furchtbar alt, daß sie nicht mehr älter werden konnte, und zwanzig Jahre lang war sie im gleichen Alter verharrt. Sie konnte unmöglich jemals hübsch gewesen sein, aber gewiß war sie immer schon wunderschön. In makellosem Weiß humpelte sie durch das Haus, eine Hand hatte sie stets in die Taille gelegt, als Gegengewicht zu ihrem krummen Rücken, und mit der anderen zählte sie die Perlen ihrer Gebets-Kette. Ihre silbernen Locken waren unordentlich um ihr blasses, faltiges Gesicht verteilt, und ihre Lippen bewegten sich ständig in unhörbarem Gebet. Ja, sie war wunderschön. Sie war wie eine Winterlandschaft in den Bergen, eine unendliche Weite von reinweißer Heiterkeit, die Ruhe und Zufriedenheit verströmte.

Meine Großmutter und ich waren gute Freunde. Meine Eltern ließen mich bei ihr zurück, als sie in die Stadt zogen, und wir waren ständig zusammen. Sie weckte mich am Morgen und machte mich für die Schule fertig. In einem monotonen Singsang sprach sie ihr Morgengebet, während sie mich badete und anzog, in der Hoffnung, daß ich ihr zuhören und das Gebet auswendig lernen würde. Ich hörte zu, weil ich den Klang ihrer Stimme liebte, aber ich machte mir nie die Mühe, die Worte zu lernen. Dann holte sie meine Holztafel, die sie schon abgewaschen und mit gelber Kreide eingeschmiert hatte, ein winziges irdenes Tintenfaß und einen Schilfstift, band alles zusammen und gab es mir in die Hand. Nach dem Frühstück, einem dicken, etwas altbackenen Chapatti, das mit ein wenig Butter bestrichen und mit Zucker bestreut wurde, gingen wir zur Schule. Sie nahm noch ein paar altbackene Chapattis für die Dorfhunde mit.

Meine Großmutter ging immer mit mir zur Schule, weil

die Schule an den Tempel angeschlossen war. Der Priester brachte uns das Alphabet und das Morgengebet bei. Während die Kinder zu beiden Seiten auf der Veranda saßen und entweder das Alphabet oder das Morgengebet im Chor sangen, saß meine Großmutter drinnen und las in den Heiligen Schriften. Wenn wir beide fertig waren, gingen wir zusammen zurück nach Hause. Diesmal kamen uns die Dorfhunde an der Tempeltür entgegen. Sie folgten uns knurrend und balgten sich um die Chapattis, die wir ihnen hinwarfen.

Als meine Eltern in der Stadt gut eingerichtet waren, schickten sie nach uns. Das war ein Wendepunkt in unserer Freundschaft. Obwohl wir uns ein Zimmer teilten, kam meine Großmutter nun nicht mehr mit mir zur Schule. Ich fuhr im Autobus zu einer englischen Schule. Auf den Straßen liefen keine Hunde herum, und meine Großmutter gewöhnte sich daran, die Spatzen im Hof unseres Stadthauses zu füttern.

Mit den Jahren sahen wir uns immer seltener. Eine Zeitlang weckte sie mich noch und machte mich für die Schule zurecht. Wenn ich zurückkam, fragte sie mich gewöhnlich, was der Lehrer mir beigebracht hatte. Ich sagte ihr englische Wörter und erzählte ihr kleine Geschichten aus der westlichen Wissenschaft und Gelehrsamkeit, vom Gesetz der Schwerkraft, vom archimedischen Prinzip, daß die Welt eine Kugel ist und so weiter. Das machte sie ganz unglücklich. Sie konnte mir nicht bei den Hausaufgaben helfen. Sie glaubte nicht an die Dinge, die man mich in der englischen Schule lehrte, und es betrübte sie sehr, daß mir niemand etwas über Gott und die Heiligen Schriften beibrachte. Eines Tages erklärte ich ihr, daß wir Musikunterricht bekommen sollten. Sie war außerordentlich verstört. Für sie hatte Musik stets einen unzüchtigen Beigeschmack. Sie war das Monopol der leichten Mädchen und Bettler und nichts für anständige Menschen. Danach sprach sie kaum noch mit mir.

Als ich zur Universität ging, bekam ich ein eigenes Zimmer. Das letzte gemeinsame Bindeglied unserer Freundschaft war zerbrochen. Resigniert akzeptierte meine Großmutter ihre Abgeschiedenheit. Sie verließ kaum je ihr Spinnrad, um mit irgend jemandem zu sprechen. Von Sonnenaufgang bis Sonnenuntergang spann sie an ihrem Rad und sprach Gebete. Erst am Nachmittag entspannte sie sich ein wenig, um die Spatzen zu füttern. Während sie auf der Veranda saß und das Brot in Stücke brach, versammelten sich Hunderte von kleinen Vögeln um sie und veranstalteten ein wahres Narrenhaus von Zwitschern. Manche kamen und hockten sich auf ihre Beine, andere auf ihre Schultern. Manche saßen sogar auf ihrem Kopf. Sie lächelte, verscheuchte sie aber nie. Es war für sie die glücklichste Stunde des Tages.

Als ich mich entschloß, zu weiteren Studien ins Ausland zu gehen, war ich sicher, daß meine Großmutter darüber bestürzt sein würde. Ich würde für fünf Jahre fortgehen, und in ihrem Alter wußte man ja nie. Aber meine Großmutter wußte es. Sie war nicht einmal sentimental. Sie kam mit, um mich am Bahnhof zu verabschieden, aber sie sprach nicht und zeigte auch keine Gefühlsregung. Ihre Lippen bewegten sich stumm im Gebet, ihre Gedanken waren in Gebete versunken. Ihre Finger zählten eifrig die Perlen ihrer Gebets-Kette. Stumm küsste sie mich auf die Stirn, und als ich fortfuhr, bewahrte ich mir die Erinnerung an diesen feuchten Abdruck als vielleicht das letzte Zeichen eines körperlichen Kontaktes zwischen uns beiden liebevoll im Gedächtnis.

Aber so sollte es nicht kommen. Nach fünf Jahren kam ich zurück, und sie holte mich am Bahnhof ab. Sie sah keinen Tag älter aus. Sie hatte immer noch nicht viel für Worte übrig, und während sie mich fest in die Arme nahm, konnte ich hören, wie sie ihre Gebete murmelte. Selbst am ersten Tag nach meiner Ankunft waren ihre glücklichsten Augenblicke die mit den Spatzen, die sie nun immer länger fütterte und mit neckischen Reden tadelte.

Abends kam eine Veränderung über sie. Sie betete nicht. Sie versammelte die Frauen der Nachbarschaft um sich, holte eine alte Trommel und begann zu singen. Mehrere Stunden lang hämmerte sie auf die schlaffe Haut der uralten Trommel ein und sang von der Rückkehr der Krieger. Wir mußten sie mühsam überreden, aufzuhören, damit sie sich nicht überanstrengte. Das war das erste Mal, seit ich sie kannte, daß sie nicht gebetet hatte.

Am nächsten Morgen wurde sie krank. Sie hatte leichtes Fieber, und der Arzt sagte uns, es würde wieder vergehen. Aber meine Großmutter war anderer Meinung. Sie erklärte uns, ihr Ende sei nah. Sie sagte, da sie wenige Stunden vor dem Ende ihres letzten Lebenskapitels ihre Gebete nicht gesprochen hatte, wollte sie nun nicht noch mehr Zeit damit verschwenden, mit uns zu reden.

Wir protestierten. Aber sie ignorierte unseren Protest. Sie lag friedlich im Bett und betete und ließ die Perlen ihrer Gebets-Kette durch die Finger gleiten. Ehe wir noch Verdacht schöpfen konnten, hörten ihre Lippen plötzlich auf, sich zu bewegen, und die Kette fiel ihr aus den leblosen Fingern. Eine friedliche Blässe breitete sich über ihr Gesicht, und wir wußten, daß sie tot war.

Wir hoben sie vom Bett, legten sie, wie es der Brauch war, auf den Boden und bedeckten sie mit einem roten Leichentuch. Nach einigen Stunden der Trauer ließen wir sie allein, um Vorkehrungen für ihre Beerdigung zu treffen.

Am Abend gingen wir mit einer grob zusammengezimmerten Trage in ihr Zimmer, um sie zum Krematorium zu bringen. Die Sonne ging gerade unter und durchflammte ihr Zimmer und die Veranda mit goldenem Licht. Wir blieben auf halbem Weg über den Hof stehen. Überall auf der Veranda und in ihrem Zimmer bis dorthin, wo sie tot und steif in das rote Leichentuch gewickelt lag, saßen Tausende von Spatzen auf dem Boden. Sie zwitscherten nicht. Uns taten die Vögel leid, und meine Mutter holte etwas Brot für sie. Sie brach es in kleine Krümel, wie meine Großmutter es immer gemacht hatte, und warf es ihnen hin. Die Spatzen nahmen keine Notiz von dem Brot. Als wir den Leichnam meiner Großmutter forttrugen, flogen sie leise fort. Am nächsten Morgen fegte der Diener beim Reinigen des Zimmers die Krümel in den Mülleimer.

FRIEDRICH SCHILLER

Epigramm

War es immer wie jetzt? Ich kann das Geschlecht nicht begreifen. Nur das Alter ist jung, ach! und die Jugend ist alt.

Keine Arbeit, kein Essen

EINE ZENGESCHICHTE

Hyakujo, der chinesische Zen-Meister, pflegte sogar noch im Alter von achtzig Jahren mit seinen Schülern zu arbeiten, die Gärten zu pflegen, die Böden zu säubern und die Bäume zu beschneiden.

Den Schülern tat es leid, den alten Lehrer so hart arbeiten zu sehen, aber sie wußten, daß er auf ihren Rat, er möge doch aufhören, nicht achten würde; also versteckten sie sein Arbeitsgerät.

An diesem Tag aß der Meister nichts. Am nächsten Tag aß er nichts und ebensowenig am darauffolgenden Tag. »Er ist vielleicht ärgerlich, weil wir sein Arbeitsgerät versteckt haben«, vermuteten die Schüler. »Wir bringen es lieber wieder zurück.«

An dem Tag, als sie das taten, arbeitete und aß der Meister genauso wie zuvor. Am Abend erklärte er ihnen: »Keine Arbeit, kein Essen.«

LIN YUTANG

Von der Kunst, auf anmutige Weise alt zu werden

Wenn ich das chinesische Familiensystem recht verstehe, ist es weitgehend mit Rücksicht auf die jungen und auf die alten Menschen entworfen. Kindheit, Jugend und Alter nehmen die Hälfte unseres Lebens ein, und es ist deshalb wichtig, dass man den Jungen und den Alten zu einer befriedigenden Existenz verhilft. Kinder sind hilflos und können sich nicht allein helfen; andererseits ist aber nicht zu leugnen, dass sie auf materielle Erleichterungen weniger angewiesen sind als alte Menschen. Ein Kind nimmt materielle Schwierigkeiten gar nicht richtig wahr, so daß arme Kinder oft ebenso glücklich sind wie reiche, wenn nicht gar glücklicher. Sie müssen vielleicht barfuß laufen, aber das ist für sie eine Annehmlichkeit und keine Last. Beim Kind sind die persönlichen Gewohnheiten noch wenig entwickelt; es ist noch nicht dieser oder jener bestimmten Kaffeemischung hörig und nimmt die Dinge, wie sie kommen. Sein Denken und seine Vorstellungen bewegen sich noch nicht in ausgefahrenen Gleisen. Deshalb sind, so seltsam es klingen mag, alte Menschen eigentlich weniger selbständig als junge, denn was ihnen zur Lebensangst dient, darin sind sie kaum mehr umzustimmen, und auch ihre Begierden und Ansprüche bewegen sich auf einer ganz bestimmten Ebene. Ein Gefühl für die entgegenkommende, schonungsvolle Behandlung des Alters findet sich im chinesischen Volksbewußtsein schon in den allerfrühesten Zeiten. Es ist ein Gefühl, das sich eigentlich nur mit der Ritterlichkeit, dem in Europa selbstverständlichen zarten Entgegenkommen gegen die Frau, vergleichen läßt. Diese Ritterlichkeit drückt sich ganz deutlich aus, wenn Mencius etwa sagt: »Es sollte nicht vorkommen, dass man grauhaarige Menschen auf der Straße Lasten tragen sieht«, welcher Ausspruch übrigens das Endziel guter Staatsführung bezeichnen sollte. Von Mencius stammt auch die Einteilung der Hilflosen in die folgenden vier Gruppen: Witwen, Witwer, Waisen und kinderlose alte Leute. Von diesen vier Gruppen sollen die ersten beiden nach Mencius von der Nationalökonomie verarztet werden, die nämlich dafür sorgen soll, daß es möglichst keine unverheirateten Männer und Frauen gibt. Was mit den Waisen geschehen soll, darüber hat sich Mencius, soviel man sieht, ausschwiegen; doch hat es in allen Zeitaltern neben den Altersheimen auch Waisenhäuser gegeben. Es versteht sich aber von selbst, daß Waisenhäuser und Altersstifte nur ein trauriger Ersatz für ein eigenes Heim sind, und die Einsicht, daß nur die Familie für den alten und den jungen Menschen eine richtige Lebensform schaffen kann, durchdringt das gesamte chinesische Geistesleben. Um die Jugend braucht man sich dabei keine großen Sorgen zu machen, denn es ist genügend Verlaß auf die natürliche Kinderliebe der Eltern. »Wasser fließt abwärts und nicht aufwärts«, sagen die Chinesen, und deshalb bedarf das umgekehrt wirkende Gefühl, die Liebe zu den Eltern und Großeltern, innerhalb des kulturellen Lebens sehr viel dringlicher der Förderung. Der natürliche Mensch liebt seine Kinder, der von der Kultur geformte Mensch liebt seine Eltern. Im Laufe der Entwicklung wurde die Lehre von der Liebe und Achtung, die dem Alter gebühre, zu einem allgemein anerkannten Grundsatz, und wenn wir gewissen Autoren glauben dürfen, steigerte sich der Wunsch, seinen Eltern im Alter dienen zu dürfen, zuweilen geradezu zur verzehrenden Leidenschaft. Der bedauerlichste Verlust, der einem vornehm denkenden Chinesen widerfahren konnte, bestand darin, daß er die Gelegenheit verzäumte, seinen alten Eltern auf dem Totenbett Medizin und Suppe zu reichen und bei ihrem Tod anwesend zu sein. Wenn ein hoher Beamter von fünfzig oder sechzig Jahren nicht dazu in der Lage war, daß er seine Eltern aus ihrem Heimatdorf zu sich in die Stadt kommen lassen und in seine Familie aufnehmen konnte, »um sie jeden Abend zu Bett zu bringen und jeden Morgen zu begrüßen«, so war das eine Art von sittlicher Verfehlung, deren er sich schämte und für die er seinen Freunden und Amtsgenossen gegenüber beständig Entschuldigungen und Erklärungen vorbrachte. Man findet dieses Gefühl in zwei Zeilen ausgedrückt, deren Verfasser zu spät heimgekehrt war, seine Eltern auf dem Sterbebett lagen:

Der Baum verlangt nach Rast, der Wind will ihn nicht lassen: Der Sohn will dienen, doch die Eltern sind gestorben.

Ich habe mich häufig bemüht, die östliche und die westliche Lebenseinstellung miteinander zu vergleichen und in ihrer Gegensätzlichkeit zu erfassen, aber ich habe keine durchgehenden Unterschiede gefunden, außer in der Einstellung zu den alten Leuten, wo der Unterschied allerdings unverkennbar und es keine Übergänge gibt. Alle anderen Unterschiede – in der Einstellung zu den Frauen, zum Geschlechtsleben, zu Arbeit, Spiel und Lebenstüchtigkeit – sind nur relativ. Die Beziehung von Mann und Frau in der Ehe, ja sogar das Verhältnis zwischen Eltern und Kindern liegt in China nicht wesentlich anders als in den westlichen Ländern. Auch die Ideen von persönlicher Freiheit, von Demokratie und richtigem Verhältnis zwischen Volk und Herrscher sind im Grunde nicht so sonderlich verschieden. In der Einstellung zum alten Menschen aber ist der Gegensatz unüberbrückbar, und Osten und Westen nehmen gänzlich verschiedene Standpunkte ein. Am deutlichsten wird das, wenn es sich darum handelt, jemanden nach seinem Alter zu fragen oder selbst zu sagen, wie alt man ist. In China kommt, wenn man einen offiziellen Besuch macht, gleich nach der Frage nach Namen und Familiennamen die weitere Frage: »Und welches ist Ihr ruhmreiches Alter?« Muß der Gefragte zögernd gestehen, er sei dreiundzwanzig, er sei achtundzwanzig, so tröstet ihn der andere mit der Bemerkung, da habe er ja noch eine ruhmreiche Zukunft vor sich, und eines Tages werde er gewiß alt werden. Kann der Befragte aber antworten, er sei fünfunddreißig oder achtunddreißig, so ruft der andere sogleich im Tone hoher Achtung: »Großes Glück!« Die Begeisterung wächst, je höher das Alter ist, das der Befragte zu nennen hat, und ist er gar über die Fünfzig hinaus, so senkt der Fragende sogleich voll Demut und Achtung seine Stimme. Darum müßten eigentlich alle alten Menschen, die es sich leisten können, auf der Stelle nach China ziehen, wo man selbst den weißbärtigen Bettler mit ausgemachter Liebenswürdigkeit behandelt. Leute in mittleren Jahren warten meist begierig auf den Tag, an dem sie fünfzig werden, und bei erfolgreichen Kaufleuten und Beamten hat man es schon erlebt, daß sie bereits ihren vierzigsten Geburtstag mit gewaltigem Pomp feierten. Der fünfzigste Geburtstag aber, die Wegmarke des halben Jahrhunderts, ist in allen Bevölkerungsschichten ein Anlaß zu lauter Freude. Der sechzigste gar übertrifft den fünfzigsten an Herrlichkeit, der siebzigste den sechzigsten, und wer seinen achtzigsten Geburtstag feiern kann, der gilt als ein ganz besonderes Glückskind des Himmels. Einen Kinnbart zu tragen ist das besondere Vorrecht der Männer, die Großväter sind, und wer sich ohne die nötige Qualifikation – ohne also Enkel zu haben oder wenigstens hoch in den Fünfzigern zu stehen – einen solchen Bart wachsen läßt, läuft Gefahr, daß man ihn hinter seinem Rücken auslacht. Eine Folge davon ist es, daß junge Männer sich ein älteres Ansehen zu geben versuchen, indem sie das Auftreten, die würdevolle Art und die Lebensauffassung alter Männer nachahmen. Mir sind junge chinesische Schriftsteller bekannt, die frisch von der Schulbank weg, im Alter von einundzwanzig oder höchstens fünfundzwanzig Jahren, Zeitschriftartikel über die Frage veröffentlichten: »Was die Jugend lesen und welche Lektüre sie meiden soll«, wobei sie im Tone väterlicher Herablassung von den vielen der Jugend drohenden Fallstricken zu fabeln wußten.

Das Bedürfnis, alt zu sein oder es wenigstens zu scheinen, ist verständlich, wenn man sich überlegt, welcher Vorzug dem Alter in China allenthalben eingeräumt wird. Zunächst einmal ist es das Vorrecht der alten Leute, daß sie reden dürfen, während die Jungen zuhören und den Mund halten müssen. »Ein junger Mann soll Ohren haben und keinen Mund«, sagt ein chinesisches Sprichwort. Die Zwanzigjährigen sollen zuhören, wenn die Dreißigjährigen sprechen, und von diesen wird umgekehrt stummes Zuhören erwartet, wenn Vierzigjährige das Wort führen. Da das Bedürfnis zu reden und Zuhörer zu haben allgemein verbreitet ist, leuchtet es ein, daß man mit zunehmenden Jahren immer mehr auf seine Rechnung kommt. Es ist ein Gesellschaftsspiel, bei welchem keiner bevorzugt ist, denn jedermann hat die Aussicht, zu seiner Zeit gleichfalls alt zu werden. Ein Vater etwa, der seinem Sohn eine Standpauke hält, muß auf der Stelle stillschweigen und eine andere Haltung einnehmen, wenn die Großmutter den Mund aufmacht. Was kann er sich anderes wünschen, als daß er an die Stelle der Großmutter rückt? Diese Spielregel entbehrt auch nicht der Gerechtigkeit, denn wie sollte ein Junger den Mund auftun, wo die Alten doch jeden Augenblick sagen können: »Ich bin schon über mehr Brücken gelaufen als du über Straßen!«

Ich könnte für meine Person allmählich mit der westlichen Lebensform und der Einstellung der westlichen Völker zum Alter hinlänglich vertraut sein, und doch zucke ich immer noch zusammen, wenn ich gewisse Ausdrücke höre, auf die ich ein für allemal nicht gefaßt bin. So habe ich zum Beispiel einmal gehört, wie eine alte Dame erzählte, sie habe mehrere Enkelkinder, aber »weh getan« habe nur das erste. Auch wenn man weiß, daß die Amerikaner sich verteufelt ungern alt machen lassen, ist man doch nicht darauf vorbereitet, einen solchen Ausspruch zu vernehmen. Ich könnte es noch verstehen, wenn es sich um kräftige Männer unter Fünfzig handelte, die den Eindruck erwecken möchten, daß es ihnen an Tatendrang und Arbeitskraft keineswegs gebricht, aber ich kann mich nicht daran gewöhnen, daß eine alte Dame im Silberhaar neckisch das Gesprächsthema wechselt und vom Wetter zu sprechen anfängt, wenn sich die Unterhaltung ganz ohne meine Schuld der Frage ihres Alters zuwendet. Ich vergesse immer wieder, was sich schickt, wenn ich einen alten Mann vor mir in den Aufzug oder ins Auto steigen lasse. Die altgewohnte Redensart »Das Alter zuerst« kommt mir immer wieder auf die Lippen, und im letzten Augenblick halte ich an mich und besinne mich vergebens, was ich statt dessen sagen könnte. Einmal vergaß ich mich wieder und äußerte frisch von der Leber weg die mir in Fleisch und Blut übergegangene Redensart, denn ich gedachte meinen Begleiter, einen überaus reizenden und würdigen alten Herren, zu ehren. Er setzte sich ins Auto, wandte sich zu seiner Frau und sprach in scherzhaftem Ton: »Dieser junge Mann hat die Unverschämtheit und bildet sich ein, er wäre jünger als ich!« Mir fehlt für solche Auffassung das Verständnis. Ich kann es begreifen, daß junge und nicht mehr ganz junge unverheiratete Frauen ihr Alter nicht nennen wollen, weil in diesem Fall einzusehen ist, daß der Jugend ein natürlicher Vorzug eingeräumt wird. Auch in China werden die Mädchen ein wenig ängstlich, wenn sie zweiundzwanzig werden und immer noch nicht verheiratet oder verlobt sind. Es ist ein Gefühl der Angst, nicht mehr zum Zuge zu kommen – das, was man im Deutschen eine Torschlußpanik nennt. So erklärt sich auch der schöne Ausspruch, das längste Jahr im Leben einer Frau sei das neunundzwanzigste, denn neunundzwanzig bleibe die Frau immer drei oder vier oder fünf Jahre lang. Von diesem Sonderfall abgesehen ist aber die Angst, sein Alter einzugestehen, der bare Unsinn, verständlich erst dann, wenn man sich sagt, daß in den westlichen Ländern das Leben so eingerichtet ist, daß es eine Prämie auf Jugendlichkeit setzt. Eine vollkommen arbeitstüchtige Sekretärin von fünfundvierzig Jahren gilt vermöge eines merkwürdigen Denkzwanges alsbald als minderwertig, wenn ihr Alter bekannt wird: was Wunder also, daß sie ihr Alter verheimlicht, um ihre Stellung nicht zu verlieren! Zu alledem ist zu sagen, daß eine solche Lebensordnung, eine solche Jugendlichen-Prämie einfach unsinnig ist. Schuld daran trägt zweifellos das Geschäftsleben, denn in der Familie erweist man dem Alter ganz von selbst mehr Hochachtung als im Bürobetrieb. Einen Ausweg wird man erst finden, wenn man sich, zumal in Amerika, dazu entschließt, das Arbeiten, die Tüchtigkeit und das Leistungsprinzip ein wenig skeptischer zu betrachten. Wenn der amerikanische Familienvater erst einmal sein Haus und nicht sein Büro als seine ideale Lebensstätte ansieht und nach Art der chinesischen Väter offen und mit völligem Gleichmut versichert, jetzt habe er einen guten Sohn, der seinen Platz eirnehmen und von dem er sich mit Freuden erhalten lassen wolle, dann, glaube ich, wird es bald auch in Amerika Sitte werden, daß man sich freudig jenem glücklichen Lebensabschnitt zuwendet und ungeduldig die Jahre zählt, bis man fünfzig ist.

Es ist von der Sprache schlecht eingerichtet, daß gesunde und kräftige alte Männer in Amerika von sich sagen, sie seien »jung«, oder daß man sie öffentlich als »jung« bezeichnet, während man eigentlich meint, sie seien gesund. Ein gesundes Alter ist das größte Menschenglück; wenn man aber einen derart Begnadeten »gesund und jung« nennt, so nimmt man ihm eigentlich etwas von seinem Zauber und verfälscht einen vollkommenen Zustand durch eine unvollkommene Zutat. Die Chinesen wissen das; für sie war von jeher die Vorstellung eines alten Mannes mit »geröteten Wangen und weißem Haar« das Sinnbild des höchsten Erdenglücks. Sicher kennen manche unter meinen Lesern chinesische Darstellungen des Gotts der Langlebigkeit mit seiner hohen Stirn, seinem geröteten Gesicht, seinem weißen Bart – und wie der lachen kann! Er läßt die Finger durch seinen dünnen langen Bart gleiten, der ihm bis zur Brust niederfällt, und streichelt ihn behaglich in Frieden und Behaglichkeit: würdevoll, denn Respekt umgibt ihn; selbstsicher, denn niemand zweifelt an seiner Weisheit; gütig, denn er hat viel menschliches Leid gesehen. Im Gespräch mit Menschen von großer Lebenskraft sagen wir, um ihnen ein Kompliment zu machen, »je älter sie werden, desto kräftiger werden sie«, und eine Persönlichkeit wie Lloyd George würde man in China den »alten Ingwer« nennen, weil er mit dem Alter immer schärfer wird. Alles in allem muß ich sagen, daß in dem Gemälde des amerikanischen Lebens für meinen Geschmack die großartigen alten Männer mit den weißen Bärten fehlen. Ich weiß: es gibt sie, aber sie haben sich wohl verschworen, sich vor mir verborgen zu halten. Nur ein einziges Mal – es war in New Jersey – habe ich einen alten Mann getroffen, der einen einigermaßen ansehnlichen Bart trug. Vielleicht ist der Rasierapparat an allem schuld: ein Vorgang, beklagenswert, niedrig und gemein wie die Abholzung der chinesischen Berge durch die unwissenden Bauern, die das nördliche China seiner schönen Wälder beraubt und die Hügel so kahl und häßlich gemacht haben wie ein altes Amerikanerkinn. Sie sind dahin, die großen alten Männer von Amerika, und dahin ist auch Onkel Sam mit seinem Ziegenbart, denn er hat einen Rasierapparat genommen und seinen Bart abgeschabt, um auszusehen wie ein leichtfertiger junger Schnösel, dessen Kinn in die Luft ragt, statt anmutig verborgen zu bleiben, und dem ein harter Blick aus der Hornbrille hervorblitzt. Was für ein trauriger Ersatz für die großartigen alten Gesichter von einst! Meine Parteinahme in der Frage des Obersten Bundesgerichts (welche Frage mich absolut nichts angeht) bestimmt sich ausschließlich durch meine Vorliebe für das Gesicht. Charles Evans Hughes. Er ist der einzige großartige Mann, den es in

Amerika noch gibt – oder gibt es ihrer noch mehr? Natürlich wäre auch ich dafür, daß er sich zur Ruhe setzt, denn damit geschähe ihm sicherlich ein Gefallen, aber der Vorwurf der Senilität erscheint mir als unerträgliche Beleidigung. Er hat ein Gesicht, das man bei uns in China einen »Bildhauertraum« nennen würde.

Die Tatsache, daß in Amerika die alten Männer immer noch Wert auf Arbeit und Tätigkeit legen, geht zweifellos unmittelbar auf einen ins Absurde gesteigerten Individualismus zurück. Diese Männer sind stolz; sie lieben ihre Unabhängigkeit und schämen sich, ihren Kindern zur Last zu fallen. Unter den vielen Menschenrechten, die das amerikanische Volk in seiner Verfassung niedergelegt hat, fehlt merkwürdigerweise das Recht, von seinen Kindern erhalten zu werden, welches Recht und welche Verpflichtung aus einstmals geleisteten Diensten abzuleiten ist. Wer wollte leugnen, daß Eltern, die sich in jungen Jahren für ihre Kinder abgearbeitet, die manche Nacht bei ihrem kranken Kind gewacht, ihm die Windeln gewaschen und fünfundzwanzig Jahre darauf verwendet haben, es zu erziehen und fürs Leben zu ertüchtigen, nun auch das Recht haben, sich von diesem Kinde erhalten zu lassen und in ihrem Alter seine Liebe und Achtung zu genießen? Bei den Chinesen gibt es nicht das Gefühl für die Unabhängigkeit des Einzelmenschen, denn die ganze Lebensordnung gründet sich auf gegenseitige Hilfe innerhalb der Familie. Darum gilt es auch nicht im mindesten als Schande, wenn jemand sich in seinen abnehmenden Jahren von seinen Kindern pflegen und erhalten läßt: um keines anderen Zieles willen lebt man in China.

In den westlichen Ländern machen sich die alten Leute

83

sozusagen unsichtbar; sie ziehen sich mit Vorliebe in ein Hotel zurück, wo sie im Erdgeschoß ein Restaurant zur Verfügung haben, und zwar aus bloßer Rücksicht auf ihre Kinder und aus dem ungeheuer selbstlosen Bestreben, sich nicht in deren Häuslichkeit einzumischen. Demgegenüber muß gesagt werden, daß alte Leute das Recht haben sich einzumischen und daß solche Einmischung zwar unangenehm sein mag, daß sie aber dessenungeachtet etwas Natürliches ist, denn das ganze Leben, zumal das Leben im häuslichen Kreise, ist eine Lektion in der Kunst der Selbstbeherrschung. Die Eltern mischen sich ja auch ins Leben ihrer Kinder, solang diese jung sind, und wohin man mit dem Prinzip der Nichteinmischung kommt, sieht man bereits an den Denkergebnissen der Behavioristen, die der Ansicht sind, alle Kinder müßten den Eltern weggenommen werden. Wenn man seine eigenen Eltern im Zustande des Alters und einer gewissen Hilflosigkeit nicht zu ertragen vermag – die Eltern, die soviel für einen getan haben –, wen soll man dann im Umkreis des eigenen Heims ertragen können? Selbstbeherrschung muß gelernt werden, sonst geht selbst die Ehe in die Brüche; und wie wäre es möglich, daß die persönlichen Dienstleistungen, die Verehrung und liebevolle Achtung pietätvoller Kinder je durch die Arbeit selbst der besten Hotelkellner ersetzt werden könnten?

Als einzige Begründung für ihre die Verehrung der alten Eltern pflegende Weltanschauung führen die Chinesen das Gefühl der Dankbarkeit an. Was man seinen Freunden schuldig ist, läßt sich vielleicht Stück für Stück aufzählen; die Dankesschuld an die Eltern aber spottet jeder Aufzählung. Sicher ist es keine Kleinigkeit für einen Sohn, seinen Eltern zu dienen, aber es wäre ein Sakrileg, wenn man die Pflege der eigenen Eltern mit der Krankenpflege, die einem Fremden im Spital erwiesen wird, in einem Atem nennen wollte. Wir zitieren im folgenden einige Pflichten des Familiensohns, wie sie T'u Hsishih aufgezeichnet und in ein Buch der sittlichen Unterweisung aufgenommen bat, welches ehemals im Schulunterricht viel verwendet wurde:

In den Sommermonaten soll man, wenn man seinen Eltern aufwartet, neben ihnen stehen und ihnen mit einem Fächer die Hitze lindern und die Fliegen und Stechmücken vertreiben. Im Winter soll man darauf achten, daß die Bettdecken warm genug sind und daß das Ofenfeuer heiß genug brennt, und soll überhaupt beständig auf der Hut sein, daß alles seine Ordnung hat. Man soll nachsehen, ob in den Türen und Fenstern keine Löcher und Sprünge sind, damit es keine Zugluft gibt und die Eltern sich recht froh und behaglich fühlen können.

Kinder von über zehn Jahren sollen des Morgens vor den Eltern aufstehen, und wenn sie angezogen sind, sollen sie zu ihnen ans Bett treten und sie fragen, ob sie gut geruht haben. Sind die Eltern schon aufgestanden, so soll man sich erst verbeugen, bevor man sie fragt, wie es ihnen geht, und nachher mit einer zweiten Verneigung sich verabschieden. Abends vor dem Schlafengehen soll der Sohn das Bett herrichten, wenn die Eltern sich niederlegen wollen; er soll dabeistehen, bis er sieht, daß sie eingeschlafen sind; dann soll er die Bettvorhänge zuziehen und sich entfernen.

Über all diese Sitten und Gebräuche machen sich die proletarisch eingestellten Schriftsteller in China weidlich lustig, indem sie behaupten, es seien lauter Reste aus der »feudalistischen« Zeit. Wir wollen uns dadurch nicht von der Wahrheit abbringen lassen, daß jeder Mensch eines Tages alt wird, wenn er lang genug leben darf, was sich ja wohl ein jeder wünscht. Man muß nur auf den törichten Individualismus verzichten, zu glauben, der Einzelmensch könne als eine Abstraktion bestehen und im wörtlichen Sinn unabhängig sein. Dann sieht man sofort ein: es gilt, das Leben so einzurichten, daß das sogenannte goldene Lebensalter nicht hinter uns in der Zeit der Jugend und Unschuld, sondern vor uns in den Jahren des Alters liegt. Befolgen wir nämlich die umgekehrte Methode, so sind wir, ohne es zu wissen, zu einem Wettrennen mit der unbarmherzig dahineilenden Zeit verurteilt, zu einer beständigen Angst vor dem, was vor uns liegt – und man braucht nicht erst auseinanderzusetzen, daß ein solcher Wettlauf von vornherein aussichtslos ist und zu unserer Niederlage führen muß. Niemand kann seinem Älterwerden Einhalt gebieten; man kann sich nur darüber hinwegtäuschen, indem man nicht zugibt, daß man älter wird. Bei solcher Sachlage und bei der Aussichtslosigkeit eines Kampfes gegen die Natur wäre es doch wohl klüger, man entschlösse sich dazu, auf anmutige Weise alt zu werden. Wäre es auch nur darum, daß die Lebenssymphonie mit einem großartigen Finale aus Frieden, Heiterkeit, materiellem Wohlbehagen und geistiger Befriedigung endete und nicht mit dem Mißton zerbrochener Trommeln und zersprungener Zimbeln.

Ich bin der ich bin

Ich stehe an der Barriere. Ich kann nur zurückblicken
Oder den Propheten spielen.
Schließlich halte ich mich an der Gegenwart,
Einem Geländer, das abbricht.
Je länger ich mit mir umgehe, um so weniger kenne
                                        ich mich.
Gleich wird die Sonne untergehn.
Die Nacht beginnt, die nie mehr endet.
Es ist eine Finsternis, an die man sich nicht gewöhnt.
Das Haus, das einstürzt. Schnee, der schmilzt. Eine
Stimme, die aufhört.
Ich hatte hundert Freunde. Tausende kannte ich bei
                                        Namen.
Die Erde deckt sie.
Ich sollte zweimal leben. Hatte ich andere Absichten?
Verfehlte ich meine Träume?
Bin ich abgestürzt und merkte es nicht?
Jemand spricht öffentlich von meinem Alter. Wer hieß
                                ihn meine Jahre zählen?
Ich habe also weniger Haare und Zähne?
Ich bin der ich bin.
Einer der mit Schatten spielt.
Ein Erfinder von Figuren,
Erzähler absurder Geschichten aus deinem und meinem
                                        Leben.
Ich amüsiere mich über die komischen Repetitionen
                                meinesgleichen.
Sie sehn wie Götter aus, die schon im Anfang aufhören,

In einer Welt, die ein Hiatus ist,
Ein Vexierrätsel, das keinen vexiert.
Ich gehe und blicke mich um.
Ruft er mich schon?

JOHANN PETER HEBEL

Hohes Alter

In Schottland gibt es Leute, welche sehr alt werden. Ein Reisender begegnete einmal einem betagten Sechziger, welcher schluchzte. Auf die Frage, was ihm fehle, sagte dieser, der Vater habe ihm eine Ohrfeige gegeben. Das kam dem Fremden fast unglaublich vor, daß ein Mann von solchen Jahren noch einen Vater am Leben haben, und noch unter seiner Zucht stehen soll. Als er ihn aber nach der Ursache der Ohrfeige fragte, so sagte der Sechziger: Drum habe er den Großvater schier fallen lassen, als er ihm habe sollen ins Bett helfen. Als das der Fremde hörte, ließ er sich von dem Mann ins Haus führen, ob es auch so sei, wie er sagte. Ja, es war so. Der Bube war 62 Jahr alt, der Vater 96, und der Großvater 130. Und der Fremde sagte nachher, als er es wiedererzählte, es werde einem ganz kurios zumute, wenn man so 288 unter drei Hüten beieinander sehe.

JOSEPH FREIHERR VON EICHENDORFF
Das Alter

Hoch mit den Wolken geht der Vögel Reise,
Die Erde schläfert, kaum noch Astern prangen,
Verstummt die Lieder, die so fröhlich klangen,
Und trüber Winter deckt die weiten Kreise.

Die Wanduhr pickt, im Zimmer singet leise
Waldvöglein noch, so du im Herbst gefangen.
Ein Bilderbuch scheint alles, was vergangen,
Du blätterst drin, geschützt vor Sturm und Eise.

So mild ist oft das Alter mir erschienen:
Wart nur, bald taut es von den Dächern wieder
Und über Nacht hat sich die Luft gewendet.

Ans Fenster klopft ein Bot' mit frohen Mienen,
Du trittst erstaunt heraus – und kehrst nicht wieder,
Denn endlich kommt der Lenz, der nimmer endet.

LILY BRETT
Chuzpe

Unabhängig von der Natur ihrer Absichten brachte es
Ruth jedesmal aus der Fassung, wenn sie ihren Vater aus
der Fassung brachte. Er war zufrieden mit seinem Leben.
Er war siebenundachtzig. Er führte ein selbständiges Leben. Die meisten seiner guten Freunde hatten sich als weniger gute Freunde herausgestellt. Oder sie waren gestor-

ben. Rooshka fehlte ihm. Sehr. Oft weinte er, wenn er von ihr sprach. Ruth ging es genauso. Sie hatte das Gefühl, daß sie sich vom Tod ihrer Mutter nie erholen würde. Wahrscheinlich war es sowieso nicht möglich, sich vom Tod eines nahestehenden Menschen zu erholen.

In Amerika begegnete man Trauer und Verlusten, als handele es sich um klare, festgesetzte Einheiten. Die man etikettieren, vermessen und einordnen konnte. Einheiten, die einen Anfang und ein Ende hatten. Anfang und Ende, die jeweils unmißverständlich umrissen und benannt waren. Ob im Fernsehen und im Radio, ob in Dokumentarfilmen, Theaterstücken oder sogar in Spielfilmen – dauernd verkündet jemand, daß er sich im Prozeß des Trauerns befand, um als nächstes zu verkünden, daß die Zeit des Trauerns vorbei sei, der Prozeß der Heilung und des Schließens der Wunde beginne. Diese Bekundungen konnten sich auf das Land beziehen, auf die Stadt, den Radio- oder Fernsehsender, auf einen Menschen und seinen Partner, auf Kollegen oder Verwandte. Die Leute schienen immer zu wissen, in welchem Stadium des Prozesses sie sich gerade befanden. Ruth hatte viel Zeit ihres Lebens mit der Anstrengung verbracht, wesentlich kleinere Aspekte von Trauer und Verlust verstehen zu lernen. Sie wußte, daß sie nie in der Lage sein würde, zu definieren, in welchem Stadium sie sich befand, wenn es um komplexere Zusammenhänge als den Einkauf in einem Supermarkt ging. Für ihre eigenen Begriffe verbrachte sie viel Zeit damit, über Probleme nachzudenken, die unlösbar waren. Sie nahm an, daß dies ursächlich damit zusammenhing, daß sie jahrelang in die Analyse gegangen war, oder damit, daß sie ein Mensch war. Oder mit beidem.

Inzwischen verbrachte Ruth auch viel Zeit damit, über Botengänge, Aufgaben, Tätigkeiten, Unternehmungen und Arbeiten nachzudenken, mit denen man Edek, ihren Vater, beschäftigen konnte. Allerdings vermittelten die Botengänge und Aufgaben Edek nicht immer den Eindruck, daß er nützlich war. Sie machten ihn nicht glücklich. Edek sah bedrückt aus, wenn etwas schiefging. Wenn er sich verirrte oder den falschen Artikel brachte. Und wenn er nichts zu tun hatte, wirkte er gelangweilt und lustlos. Mehrmals sagte er, er wäre besser in Australien geblieben, statt so kurz vor seinem Tod in ein neues Land umzuziehen. Edek stand keineswegs kurz vor dem Sterben. Er war nicht einmal krank. Er sprach nur dauernd vom Sterben. Das hatte er seit Ruths frühester Kindheit getan. »Bald werde ich unter der Erde sein«, hatte er immer gesagt. Wenn sie Dinge erörterten, die nicht innerhalb der nächsten Tage stattfinden würden, sagte Edek stets: »Wenn ich dann noch am Leben bin.« Das hatte er mit fünfunddreißig gesagt, mit fünfundvierzig, mit fünfundfünfzig, mit fünfundsechzig, mit fünfundsiebzig und mit fünfundachtzig. Der Tod war immer in seinen Gedanken. Und das war verständlich bei jemandem, der sechs Jahre seines Lebens vom Tod umringt, umzingelt, umschlossen gewesen war.

Edek und Rooshka waren immer von den Toten umgeben gewesen. Und Edek und Rooshka hatten Hunderte von Toten zu beweinen. Nur sie hatten überlebt.

[...]

»Hast du dich entschieden, Ruthie?« fragte Edek. Seine Stimme klang unsicher. Seine CEO-Ausstrahlung und -Selbstsicherheit war merklich geschrumpft. Er klang jetzt eher wie der Abteilungsleiter eines Lebensmittelladens.

»Wirst du uns geben die dreißigtausend Dollar?« fragte er.

»Ja«, sagte Ruth. »Das muß ich ja wohl.«

Das stimmte. Sie hätte es nicht über sich gebracht, Edek zu erklären, daß er nicht wußte, was er tat. Sie hätte es nicht ertragen, die Hoffnung auf einen Klopsladen oder ein Klopsimperium oder eine Klopsnation zunichte zu machen. Edek schlug mit der Faust auf den Tisch. »Ich habe euch gesagt, daß sie ist ein braves Mädchen«, rief er. Edek war außer sich vor Freude. Er küßte Ruth, und dann küßte er Zofia und Walentyna. Zofia und Walentyna küßten Ruth gleichzeitig, auf beide Wangen, und dann küßten sie Edek. Die ganze Küsserei und Schubserei bereitete Ruth Kopfschmerzen.

»Ich bestelle mir noch ein bißchen Rollmops«, erklärte Edek.

»Ich nehme auch ein bißchen Rollmops«, sagte Zofia. »Ich glaube, ich nehme noch einmal Pfannkuchen«, sagte Walentyna.

Ruth war überrascht. Walentyna war keine große Esserin. Zofia und Edek waren auch überrascht.

»Vielleicht zwei solche Portionen Pfannkuchen sind zuviel für dich«, sagte Edek zu Walentyna.

»Es ist zuviel für dich, Walentyna«, sagte Zofia. »Nimm lieber etwas anderes.«

»Ich will Pfannkuchen«, sagte Walentyna.

»Okay, okay«, sagte Edek.

»Ich nehme noch etwas Obstsalat«, sagte Ruth.

Ruth rief Garth an. Sie hatte am Wochenende mit ihm gesprochen und ihm von Edeks, Zofias und Walentynas Vorhaben erzählt. Er war nicht überrascht gewesen.

»Nichts, was dein Vater tut, könnte mich überraschen«, hatte Garth gesagt. »Er ist einfach wunderbar. Wer sonst käme in seinem Alter auf die Idee, ein Geschäft aufzumachen, und noch dazu ein Restaurant? Das wird ihn wochenlang beschäftigen.«

»Du glaubst also nicht, daß irgend etwas dabei herauskommen wird«, hatte Ruth gesagt. »Nein«, hatte Garth gesagt. »Wenn man in New York ein Restaurant aufmachen will, muß man sich auskennen. Und man braucht einen Geldgeber.«

‚Jetzt mußte Ruth Garth anrufen und ihm eröffnen, daß Edek, Zofia und Walentyna möglicherweise noch immer nicht wußten, was sie taten, aber einen Geldgeber gefunden hatten. Sie. Ruth fragte sich, ob Garth schockiert sein würde. Er war ziemlich schockresistent. Sie selbst war ein bißchen schockiert gewesen angesichts ihres Entschlusses, dreißigtausend Dollar auszugeben. Dann hatte sie sich von dem Schock erholt. Selbst wenn das Vorhaben Edeks, Zofias und Walentynas nichts weiter sein würde als ein versuchtes Vorhaben, ein glückloses Vorhaben oder ein gescheitertes Vorhaben, was mehr als wahrscheinlich war, wäre es das wert. Edek war so voller Vorfreude. Und mit siebenundachtzig voller Vorfreude auf etwas zu sein war keine schlechte Sache. Das wollte sie ihm nicht nehmen. Und sollte das Vorhaben, Tausende von Klopsen zu verkaufen, schiefgehen [. . .].

Edeks und Zofias und Walentynas Wohnung sah sehr behaglich aus. Sie hatten noch mehr Fotos an den Wänden aufgehängt. Und sie hatten zwei neue Lampen und einen Vorleger gekauft. Ruth sah sich die Fotos an. Es waren Fo-

93

tos von Edek und Rooshka und Fotos von ihr und Garth und eine Reihe von Fotos von Edek mit Zachary, Kate und Zelda. Es waren Fotos von Walentyna und ihrem Ehemann, einem großen, dünnen, sensibel aussehenden Mann. Und ein Foto von Walentyna mit ihrer Mutter. Und Walentyna mit zwei ihrer Schwestern und drei Nichten. Es waren Fotos von Zofia und ihrem Ehemann. Zofias Ehemann sah handfest und heiter aus. Er hielt Zofia im Arm und lächelte strahlend. Er sah aus wie ein glücklicher, wohlgenährter Mann. Auch ein Foto von Zofias Eltern hing an der Wand. Und ein Foto von Zofia und ihren beiden Brüdern. Zofia stach auf diesem Foto sofort ins Auge. Sie hatte sogar schon damals, als die meisten Mädchen Dauerwellen oder Lockenfrisuren trugen, kurze, stachelige Haare. Sie blickte keck in die Kamera. Und keck ragten auch ihre Brüste in die Kamera.

»Auf diesem Foto war ich sechzehn«, sagte Zofia vom anderen Ende des Zimmers.

»Sie haben sich kaum verändert«, sagte Ruth. »Vielen Dank, Ruthie, Liebling«, sagte Zofia.

Ruth sah nach dem Datum am unteren Rand des Fotos. Es lautete 1952. Folglich war Zofia neunundsechzig. Ruth war verblüfft. Wie konnten neunundsechzigjährige Beine, Arme und Brüste so gut erhalten sein? Ruth ließ den Blick an ihrem eigenen Körper hinunterwandern. Er sah wesentlich mitgenommener aus. Vielleicht machten Angst und Anspannung nicht nur der Psyche merklich zu schaffen. Vielleicht wurden Brüste aus lauter Verzweiflung zum Hängebusen, vielleicht gaben sich Oberschenkel und Hintern einfach auf. Sie nahm an, daß es zu spät für sie sein dürfte, sich zu Zuversicht und Heiterkeit zu

bekehren. Es wäre wahrscheinlich ein Schock für ihre Kör-
perteile. Sie müßten denken, sie wären jemand anderem
übereignet worden.

Zofia brachte eine Platte mit Miniklopsen aus Kartof-
feln und Kielbasa.

»Ruthie, diese kleinen Klops nennt Zofia Kroketten«,
sagte Edek. »Kroketten sind etwas, was essen Leute bei
Cocktailpartys. Man ißt sie mit den Fingern.«

»Die Kroketten sind sehr praktisch für Cocktailpartys«,
sagte Zofia. »Man kann sie essen, wie sie sind, oder im
Ofen aufbacken. Und man braucht nichts anderes. Zwei
oder drei Kroketten und ein Glas Wein sind genau richtig für jeden Gast.« [...]

Edek und Walentyna gingen in die Küche. Ruth blieb mit
Zofia allein zurück. Ruth war ein bißchen unbehaglich
zumute. Sie war noch nie mit Zofia allein gewesen. Sie
wußte nicht, was sie daran besorgt stimmte. Ihre Besorg-
nis, ermahnte sie sich, war lächerlich. Außerdem war sie
nicht mit Zofia allein. Edek und Walentyna waren im Nebenzimmer.

»Gehen Sie noch jeden Tag schwimmen, obwohl Sie bis
tief in die Nacht kochen?« fragte Ruth Zofia.

»Ja«, sagte Zofia. »Ich schwimme jetzt jeden Tag in
einem Schwimmbad an der Seventh Avenue in der Nähe
der Ca' mine Street. Das ist nicht so gesund wie das
Schwimmen im Meer, aber die Fahrt dauert nur fünf Minuten mit dem Taxi, oder zwanzig Minuten mit der Sub-
way. Das Schwimmbad ist ganz in Ordnung. Das Becken
ist zwanzig Meter lang und sehr sauber. Und sehr billig.
Die Jahreskarte kostet fünfundzwanzig Dollar.«

Zofia kannte sich wahrscheinlich mit Beckengröße, Kosten und Sauberkeit jedes einzelnen Schwimmbads in New York City aus, dachte Ruth. Die Selbstverständlichkeit, mit der Zofia handelte, schüchterte sie ein. Tagsüber recherchierte sie in Restaurants, abends bewirtete sie Gäste, nachts kochte sie Klopse, und frühmorgens ging sie schwimmen. Ohne jemals zu jammern. Ruth hatte Zofia noch nie jammern gehört. Zofia sagte nie, sie sei müde. Sie sagte nie, Polen fehle ihr. Sie jammerte einfach nicht.

Ruth mißtraute Leuten, die sich nie beklagten. Sie konnte nicht verstehen, daß sie nicht erkennen konnten, was im argen lag. Irgend etwas lag immer im argen. Ganz besonders bei Leuten, die nicht wahrnehmen konnten, was es war.

»Ich brauche nicht so viel Schlaf«, sagte Zofia. »Wenn, man älter wird, braucht man nicht mehr so viel Schlaf. Man schläft anders als früher. Man schläft nie wieder wie ein Baby. Wenn man älter wird, wacht man auf, schläft wieder ein, wacht wieder auf, schläft wieder ein.«

Zofias Erklärung war so sachlich. Sie quälte sich nicht mit Ängsten vor der Schlaflosigkeit. Ruth hatte nie darüber nachgedacht, daß man jenseits der Dreißig oder Vierzig einfach nicht mehr wie ein Baby oder wie ein Teenager schlief. Zofia nahm die Veränderung im Schlafverhalten als gegeben hin. Sie suchte keine Schlafkliniken auf, um herauszufinden, ob sie unter Schlafapnoe litt oder im Schlaf um sich schlug oder irgendeine andere Schlafstörung hatte.

»Ich kann noch immer schwimmen wie ein junges Mädchen«, sagte Zofia. »Ich kann nicht mehr schlafen wie ein junges Mädchen. Schwimmen ist besser.«

Ruth dachte daran, wie sie selbst im Bett lag und hysterisch wurde, weil sie nicht schlafen konnte. Wie sie im Bett lag und vor Schlafmangel hysterisch wurde. Vor lauter Aufzählen aller möglichen Symptome des Schlafmangels. Schwimmen wäre zweifellos wesentlich bekömmlicher, auch für sie.

»Ihr Vater und ich, wir haben sehr guten Sex«, sagte Zofia. Ruth fiel um ein Haar vom Stuhl. Wie waren sie vom Schwimmen zum Sex gekommen? Und zum Sex mit ihrem Vater?

»Wenn ich meine Beine um ihn schlinge, bin ich sehr glücklich. Und er ist auch sehr glücklich«, sagte Zofia.

Wenn sie ihre Beine um ihn schlang? Warum mußte Zofia ihr das erzählen? Und warum mußte sie hinzufügen, wie glücklich es ihn machte? Daß man seine Beine um jemanden schlang, war ein ziemlich persönlicher Sachverhalt und nicht gerade das naheliegendste Gesprächsthema für eine Unterhaltung mit jemand anderem als der umschlungenen Person. Ruth hatte in ihrem Leben noch nie darüber gesprochen, daß sie ihre Beine um etwas schlang, selbst wenn es nur die Bettdecke war. Sie war etwas verdattert. Warum hatte Zofia das Bedürfnis, ihr diese Information mitzuteilen, fragte sie sich. Es würde ihr nicht leichtfallen, die Vorstellung ihres Vaters, den Zofias Beine umschlangen, aus ihren Gedanken zu verbannen.

»Wir essen gut miteinander«, sagte Zofia, »und wir haben guten Sex miteinander.« Ihr Vater, dachte Ruth, hatte gut gegessen, bevor Zofia nach New York gekommen war. Sie dachte, daß er bis zu Zofias Ankunft wahrscheinlich seit geraumer Zeit niemanden gehabt hatte, der seine Beine um ihn schlang.

»Sex ist sehr gesund für eine Frau«, sagte Zofia. »Die chemischen Prozesse im Körper einer Frau verändern sich, wenn sie Sex hat, und Sex ist sehr gut für das Herz und die Leber und die Nieren.«

Wie kam Zofia dazu, sich fachmännisch über die Funktion von Herz, Leber und Nieren zu äußern? Warum eröffnete sie nicht gleich eine kardiologische, gastroenterologische oder nephrologische Praxis? Zofias Ratschläge würden den Patienten zweifellos mehr munden als die Ratschläge, die ihnen die meisten Spezialisten auftischten. Zofia würde wahrscheinlich Sex als Heilmittel für Herzschwäche, Nierenversagen oder Leberfunktionsstörungen empfehlen. Und als Prophylaxe gegen alle erdenklichen Beschwerden.

Zofia hatte nicht den Eindruck gemacht, als erwarte sie einen Kommentar oder eine Antwort von Ruth. Sie schien völlig damit zufrieden zu sein zu sprechen. Ruth war froh. Sie war sich nicht sicher, daß sie viel dazu zu sagen hatte, daß ihr Vater von Zofias Beinen umschlungen war oder daß Sex gut für Herz, Leber und Niere war. Ruth sah Zofia an. Zofia strotzte vor Gesundheit. Ruth war davon überzeugt, daß vaginale Trockenheit Zofia kein Begriff war. Sie war davon überzeugt, daß Zofia noch nie versucht hatte, sich mit rohem Eiweiß feucht zu machen.

»Sex ist auch sehr gut für die Haut«, sagte Zofia. Sie hatte das Schwimmen bereits als Hautpflege angepriesen. Und jetzt war Sex das Richtige für die Haut und für alles andere auch. Sollten Zofias Ansichten jemals einen größeren Hörerkreis erreichen, dachte Ruth, wären sie eine ernsthafte Bedrohung für die Schönheitsindustrie. Statt kostspielige Cremes und Wunderlotionen zu kaufen und sich Dermabrasionen und Entgiftungen zu unterziehen, würden Legionen von Frauen einfach schwimmen gehen. In Schwimmbädern hin und her schwimmen, sich in den Meeren drängen, in Sportklubs eintreten. Und sie würden Sex haben. So oft wie möglich.

HEINRICH HEINE

Rückschau

Ich habe gerochen alle Gerüche
In dieser holden Erdenküche;
Was man genießen kann in der Welt,
Das hab ich genossen wie je ein Held!
Hab Kaffee getrunken, hab Kuchen gegessen,
Hab manche schöne Puppe besessen;
Trug seidne Westen, den feinsten Frack,
Mir klingelten auch Dukaten im Sack.
Wie Gellert ritt ich auf hohem Roß;
Ich hatte ein Haus, ich hatte ein Schloß.
Ich lag auf der grünen Wiese des Glücks,
Die Sonne grüßte goldigsten Blicks;
Ein Lorbeerkranz umschloß die Stirn,
Er duftete Träume mir ins Gehirn,
Träume von Rosen und ewigem Mai –
Es ward mir so selig zu Sinne dabei,
So dämmersüchtig, so sterbefaul –
Mir flogen gebratne Tauben ins Maul,
Und Englein kamen, und aus den Taschen
Sie zogen hervor Champagnerflaschen –
Das waren Visionen, Seifenblasen –

Sie platzten – Jetzt lieg ich auf feuchtem Rasen,
Die Glieder sind mir rheumatisch gelähmt,
Und meine Seele ist tief beschämt.
Ach, jede Lust, ach, jeden Genuß
Hab ich erkauft durch herben Verdruß;
Ich ward getränkt mit Bitternissen
Und grausam von den Wanzen gebissen;
Ich ward bedrängt von schwarzen Sorgen,
Ich mußte lügen, ich mußte borgen
Bei reichen Buben und alten Vetteln –
Ich glaube sogar, ich mußte betteln.
Jetzt bin ich müd vom Rennen und Laufen,
Jetzt will ich mich im Grabe verschnaufen.
Lebt wohl! Dort oben, ihr christlichen Brüder,
Ja, das versteht sich, dort sehn wir uns wieder.

YOSHIDA KENKŌ

Betrachtungen aus der Stille

In der Jugend ist die Lebenskraft zu hitzig, das Herz ent-
zündet sich zu leicht an den Dingen, und zahllos sind die
Leidenschaften und Wünsche. Man bringt sich dadurch
in Gefahr und Verderben; es ist wie bei einer Kugel, die
man ins Rollen gebracht hat. Man verliebt sich in das
Schöne und vergeudet dafür sein Vermögen, besinnt sich
dann plötzlich und kleidet sich als Einsiedlermönch in
Moosgewänder; doch bald läßt sich das Herz, vor lauter
Lebenskraft wieder in einen Wettstreit ein oder beneidet
beschämt die anderen, die es bereits zu etwas gebracht
haben, und so wechseln die Dinge, denen die Zuneigung

gehört, von Tag zu Tag. In Leidenschaften verstrickt, versinkt man in Lust, vollführt Heldentaten und bewundert diejenigen, die ihren Körper, der hundert Jahre währen sollte, zerrüttet und ihr Leben verloren haben. Das Herz wird von all den Wünschen mit fortgerissen, und noch lange nach dem Tode ist man im Gespräch der Menschen. Es geschieht immer in der Jugend, daß man die Gesundheit zugrunde richtet.

Dem alten Mann hingegen schwinden die Lebenskräfte. Er wird einfältig, und nichts kann sein Herz mehr bewegen. In Frieden lebend, weist er alles von sich, was ihn sinnlos erregen könnte. Er sorgt für seinen Körper, ist deshalb frei von Schmerz, und er gibt acht, niemandem zur Last zu fallen.

Das Alter übertrifft die Jugend an Weisheit, aber die Jugend das Alter an Anmut.

ROBERT GERNHARDT

Ein Malermärchen

Es war einmal ein alter Maler, der merkte, daß es dem Ende zuging. Da versammelte er seine Familie und seine Freunde um sich, auf daß es ihm leichter falle zu scheiden. Doch je länger er sein Leben und Werk bedachte, desto sinnloser erschien ihm ersteres und desto wertloser letzteres, und schließlich ergriff ihn eine solche Trauer, daß er seine Erkenntnis nicht länger für sich behalten konnte.

»Nichts ist mir gelungen, nichts«, hub er an.

»Ach, was er wieder redet«, entgegnete darauf seine Gattin unter dem Kopfnicken der anderen. »Alles ist dir gelungen, alles!«

»Nein, nichts«, wiederholte der Maler düster. »Nicht einmal einen einfachen Eierbecher habe ich zu malen vermocht, nicht einmal den!«

»Nun hört euch das an!« rief sein ältester Freund entgeistert. »Dir sollte kein Eierbecher gelungen sein, ausgerechnet dir, dessen ›Stilleben mit Eierbecher‹ heute der Stolz der Staatsgalerie ist?!«

»Nun, der war in der Tat nicht ganz daneben, dieser Eierbecher«, räumte der Maler ein, »der war sogar ganz gut, da ich ihn mit heller Grüner Erde untermalt und dann ganz leicht mit Titanweiß, Ocker und etwas Königsblau dunkel gehöht hatte – aber ach, was bedeutet das schon? Fünfzig Jahre gemalt – und was bleibt? Ein Eierbecher! Als Eierbecher-Maler werde ich weiterleben, und die, die mich so nennen, werden tausendfach recht haben, habe ich es doch nicht einmal geschafft, einen einzigen Ast im Gegenlicht zu gestalten.«

»Ja, ist denn das zum Anhören!« stöhnte da der Sohn des Malers voller Schmerz auf. »Wie kannst du nur so etwas behaupten, du, dessen ›Baumgruppe im Gegenlicht‹ der unbestrittene Mittelpunkt aller Gegenlichtausstellungen war und ist?«

»Ach ja, die Baumgruppe«, erinnerte sich der Maler. »Doch, die hatte was. Aber da hatte ich auch einen Abendhimmel unterlegt, auf dem es sich fast von selbst malte, mit dem spitzesten Pinsel gab ich das Blattwerk, Krapplack und Casslerbraun gemischt, erst dann setzte ich die Lichter mit fast unvermischtem Neapelgelb hell und einer Spur Laubgrün. Aber sonst? Mißraten, alles mißraten! Mißraten selbst die einfachsten Sujets; mißraten sogar der Versuch, einen Krug im Eck zu malen!«

»Der und mißraten?!« heulte da der Neffe auf. »Dein ›Krug im Eck‹, welcher heute in keinem Werk fehlt, welches auch nur den geringsten Bezug hat zum Thema Krug, Eck oder Innenräume überhaupt? Hörte man denn je eine unsinnigere Rede?«

»Ach der!« sagte der Maler versöhnlich. »Ja, dieser Krug war nicht übel. Alles in kalten Farben gehalten, und nur etwas warme Terra Pozzuoli in den helleren Partien des Kruges – doch, doch, das funktionierte. Aber was ist das alles schon? Gegen irgendeinen Velazquez beispielsweise?! Habe ich jemals ›Las Meninas‹ gemalt? Oder ›Die Übergabe von Breda‹? Oder auch nur einen ›Philipp der Vierte‹?«

Die um sein Bett Versammelten schwiegen betroffen. Dann endlich räusperte sich ein ergrauter Vetter und begann: »Nun ja, einen ›Philipp der Vierte‹ hast du freilich nicht –« doch er kam nicht dazu, den Satz zu Ende zu führen, denn auf einmal saß der Maler senkrecht im Bett und schrie: »Das weiß ich selber, daß ich keinen ›Philipp der Vierte‹ gemalt habe! Darüber brauchst du mich nicht zu belehren! Wie hätte ich den denn auch malen sollen? Ist doch schon längst über den Jordan, der Herr! Und hört endlich damit auf, mir dauernd den Velazquez vorzuhalten! Velazquez, Velazquez, Velazquez! Was hat denn der schon groß gemalt? ›Philipp der Vierte‹, ›Die Übergabe von Breda‹, ›Las Meninas‹ – so doll ist diese ganze spanische Mischpoke ja nun auch wieder nicht! Und wenn er die nicht vor dem Pinsel hatte, dann war er ganz schön verratzt, euer Velazquez. Oder gibt es von ihm einen ›Krug im Eck‹, eine ›Baumgruppe im Gegenlicht‹ oder auch nur ein ›Stilleben mit Eierbecher‹? Ha! Da könnt ihr lange suchen! Gibt's im Velazquez-Œuvre nämlich nicht, ihr Caballero-Anbeter! Gibt es allerdings im selbst seiner Familie offensichtlich weitgehend unbekannten Œuvre eines anderen Malers – sein Name tut nichts zur Sache –, doch warum euch mit bescheidenen, wenn auch gut gemalten Sujets langweilen, da ihr offensichtlich nur Augen habt für die vordergründige Pracht pseudo-opulenter Hofmalereien?!«

Mit diesen Worten aber schlug der Maler die Bettdecke zurück, sprang aus dem Bett und rief, indes er wütend auf den Boden stampfte: »Hinaus! Alle hinaus! Geht doch zu eurem Velazquez, geht nur, aber habt wenigstens so viel Anstand im hispanophilen Leib, einen Sterbenden, der nebenbei bemerkt ebenfalls Maler ist, wenigstens in seiner letzten Stunde mit eurer Velazquez-Anbetung zu verschonen. Hinaus!«

Erschreckt wichen Freunde und Familie, der Maler aber, da er ohnedies aufgestanden war, schaute in der Küche nach etwas Trinkbarem und begann, da er auf dem Rückweg zufällig an seiner Staffelei vorbeikam, rasch noch einen etwas verrutschten Reflex zu korrigieren, welcher ihn auf seinem letzten Bild ›Zwei Schälchen‹ schon immer gestört hatte. Nach einer Stunde war er derart gut in Fahrt, daß er gleich noch ein neues Bild begann, und so malte und malte er, und da er sicher nicht gestorben ist, weil Malen und Sterben einander ausschließen – entweder das eine oder das andere –, malt er wohl noch heute.

JOHANN WOLFGANG GOETHE
Der Teufel

Bedenkt: der Teufel, der ist alt,
So werdet alt, ihn zu verstehen

MARCUS TULLIUS CICERO
Über das Alter

Was ich jetzt vorhabe, ist: eine Schrift über das Alter für dich zu verfassen. Mit dieser Last des Alters, das uns bereits bedrückt oder doch unausweichlich bevorsteht, haben wir beide gleichzeitig fertig zu werden, und so ist es meine Absicht, dich und auch mich selbst davon zu befreien, obschon ich bei dir jedenfalls sicher bin, daß du sie – wie alles übrige – mit der Beherrschung eines Weisen trägst und auch weiter tragen wirst. Jedoch: als ich den Wunsch verspürte, eine Schrift über das Alter zu verfassen, da kam mir der Gedanke, daß es das Passendste sei, sie dir zu schenken, auf daß wir uns beide daran halten könnten. Für mich jedenfalls bedeutete das Schreiben dieses Buches eine solche Freude, daß mir der Spaß, den ich daran fand, nicht nur alle Altersbeschwerden gleichsam wegblies, sondern mir mein Alter sogar behaglich und willkommen machte. So wird man nie die richtigen Worte finden können zum Lob der Philosophie: Wer ihr ergeben ist, kann jedes Lebensalter ohne Kummer verbringen. [...]

Wer nämlich keine Kraft an einem sittlich guten und glückseligen Leben in sich selbst trägt, dem ist jedes Lebensalter eine Last; wer aber alles Gute von sich selbst verlangt, dem kann nichts, was das Naturgesetz zwangsläufig mit sich bringt, als ein Übel erscheinen. Dazu gehört in erster Linie das Alter; alle wünschen es zu erreichen; haben sie es dann erreicht, dann beklagen sie sich darüber; so inkonsequent und unlogisch sind sie, die Toren. Sie sagen, das Alter schleiche sich schneller heran, als sie gedacht hätten. Doch zunächst einmal: Wer hat sie denn genötigt, sich in ihrer Berechtigung zu irren? Wieso sollte denn der Mann schneller ein Greis werden als das Kind ein Mann? Ferner: Inwiefern wäre ihnen denn das Alter im achthundertsten Lebensjahr eine weniger schwere Last als im achtzigsten? Eine durchlebte Altersstufe, dauerte sie auch noch so lange, würde ja doch, wenn sie verflossen wäre, einen Dummkopf über sein Greisenalter nicht hinwegtrösten können. Wenn ihr nun meine Weisheit zu bewundern pflegt (ich wollte, sie wäre eurer guten Meinung und meines Beinamens würdig!), so wisset: Sie besteht darin, daß ich der Natur als der besten Führerin wie einer Gottheit folge und mich ihr zu beugen weiß; es ist unwahrscheinlich, daß sie, nachdem sie alle anderen »Akte« des Lebens so gut geordnet hat, den letzten »Aufzug« wie ein ungeschickter Dichter vernachlässigt haben sollte. Es war für sie jedoch unumgänglich, irgendeinen Schlußpunkt zu setzen; es mußte etwas geben, was wie bei Baum- und Feldfrüchten nach angemessener Reife gleichsam welkt und abfällt. Der Weise muß das mit Gleichmut hinnehmen. Denn ein Kampf gegen das Naturgesetz: Was wäre er anderes als der Krieg der Giganten gegen die Götter? [...]

Ich kenne jedoch eine ganze Anzahl von solchen älteren Menschen, die über ihr Alter nicht klagten: Sie waren geradezu froh, von den Fesseln der sinnlichen Lust befreit zu sein, und sie wurden von ihrer Umgebung durchaus geachtet. Nein, nein! Schuld an derartigen Klagen hat der Charakter des Menschen, nicht das Alter. Wer nämlich im Alter anspruchslos, leutselig und freundlich ist, der kann es ganz gut aushalten. Mißlaune jedoch und unfreundliches Wesen machen das Leben zur Qual, ganz egal wie alt man ist. [...]

Kurz: Die besten Waffen gegen die Beschwerden des Alters, Scipio und Laelius, sind die Wissenschaften und die praktische Verwirklichung sittlicher Werte. Sie trägt, wenn man sie in jedem Lebensalter gepflegt hat, nach einem langen und reichen Leben herrliche Früchte, nicht nur aus dem Grunde, weil sie immer, selbst im letzten Augenblick des Lebens noch, möglich ist (und das ist doch schon ein sehr großer Gewinn!), sondern auch deswegen, weil das Bewußtsein, sittlich gut gelebt, und die Erinnerung, viele schöne Leistungen vollbracht zu haben, größte Freude bedeutet. [...]

Bei oberflächlicher Betrachtung des Problems komme ich nämlich auf vier Gründe, aus denen man das Alter für ein Unglück hält: Erstens, weil es uns in zunehmendem Maße verwehre, Großes zu leisten; zweitens, weil es den Körper entkräfte; drittens, weil es uns fast jede Sinnenfreude nehme, und viertens, weil es dem Tod nahe sei. [...]

Das Alter verwehrt uns die Tätigkeit. Welche denn? Die etwa, die jugendliche Kraft erfordert? Gibt es also im Alter keine Leistungen, die trotz körperlicher Schwäche mit der Kraft des Geistes erzielt werden können? [...]

»Der Jugend Torheit kam in Gestalt von nie gehörten

Rednern zu Wort.« Unbesonnenheit ist, wie man sieht, der Fehler der »blühenden« Jugend, Klugheit dagegen der Vorzug des fortschreitenden Alters. Aber das Gedächtnis läßt nach. Das dürfte stimmen, wenn man es nicht übt, oder auch, wenn man von Natur aus ein Schwachkopf ist. [...]

Wie steht es nun im hohen Alter mit den Rechtsgelehrten, wie mit den Oberpriestern, den Auguren, den Philosophen? Wie vieles haben sie im Gedächtnis! Nur eifriges Interesse braucht weiterzuwirken, dann bleiben die Geisteskräfte im Alter erhalten, und zwar nicht nur bei berühmten Männern, die auf hohe Staatsämter zurückblicken können, sondern auch bei denen, die ein stilles, ruhiges Privatleben führen. Sophokles hat bis ins höchste Alter Tragödien geschrieben; sein Eifer darin erweckte den Anschein, als kümmere er sich um sein Hauswesen überhaupt nicht mehr; daher brachten ihn seine Söhne vor Gericht: Die Richter sollten ihm wegen Schwachsinns die Verfügungsgewalt über sein Vermögen entziehen. [...] Da hat nun, wie es heißt, der greise Dichter die Tragödie, die er gerade in Händen hielt und kurz vorher verfaßt hatte, seinen »Oidipus auf Kolonos«, den Richtern vorgelesen und dann die Frage gestellt, ob diese Dichtung nach ihrer Ansicht von einem Schwachsinnigen stamme Auf die Rezitation hin erkannten die Richter auf Freispruch.

Hat also etwa das Alter diesen Mann, hat es einen Homer, einen Hesiod, einen Simonides, einen Stesichoros, hat es die obengenannten Männer Isokrates und Gorgias, hat es die führenden Philosophen, einen Pythagoras, einen Demokrit, einen Platon, einen Xenokrates, hat es etwa die späteren, einen Zenon, einen Kleanthes, oder den Stoiker Diogenes, den auch ihr noch in Rom gesehen habt, gezwungen, in ihren eifrigen Interessen und Bestrebungen zu verstummen? Dauerte nicht bei all diesen Persönlichkeiten der wissenschaftliche und künstlerische Eifer so lange wie ihr Leben? [...]

So rühmt sich z. B. Solon, wie wir wissen, in einem Vers, indem er sagt, während er alt werde, lerne er täglich Neues hinzu. So war es auch bei mir: Ich habe noch im Alter Griechisch gelernt und mich mit solcher Gier auf die griechische Literatur gestürzt, wie wenn ich einen schon lange andauernden Durst hätte stillen wollen. So wurde mir gerade das bekannt, was ich euch jetzt, wie ihr seht, als Beispiele anführe. Als ich erfuhr, Sokrates habe den gleichen Eifer beim Saitenspiel gezeigt, wollte ich, das gleiche wäre auch bei mir der Fall – die alten Griechen erlernten nämlich das Saitenspiel –, aber wenigstens in den Wissenschaften habe ich mich gehörig bemüht.

Und ich vermisse auch heute noch nicht die Kraft der Jugend – dies nämlich war der zweite Punkt in der Reihe der »Nachteile« des Alters – so wenig wie ich als Junger die Stärke eines Stiers oder eines Elefanten hätte haben wollen. An das Vorhandene soll man sich halten und alles, was man tut, nach Maßgabe seiner Kräfte tun. [...] Nur der Redner, fürchte ich, verliert im Alter seine Kraft; denn bei seinem Beruf kommt es nicht nur auf den Geist an, sondern auch auf starke Lungen, auf physische Kraft. Im ganzen gesehen aber zeigt sich das Melodisch-Wohlklingende, das wir an einer Rednerstimme bewundern, auch bei einem alten Redner irgendwie besonders schön; ich wenigstens besitze es bis jetzt noch, und ihr kennt doch meine Jahre. Aber davon abgesehen sind die ruhigen, gelassenen Worte eines alten Herrn etwas Würdevolles, und häufig verschafft sich ein redegewandter Greis gerade dadurch aufmerksame Zuhörer, daß seine Worte weich und sanft klingen. [...]

Doch zurück zu mir! Ich stehe jetzt in meinem vierundachtzigsten Lebensjahr, [...] aber es hat mich doch, wie ihr selbst seht, das Alter noch nicht ganz entkräftet und gebeugt: Wenn ich im Senat spreche oder die Rednerbühne betrete, so sagt man nicht, ich hätte keine Kraft mehr, so wenig wie das meine Freunde, Klienten und Gastfreunde feststellen. Ich habe nämlich nie jenem alten, vielgepriesenen Spruch beigestimmt, der da lehrt, man müsse »früh alt werden, wenn man lange alt bleiben wolle.« Ich für meine Person möchte lieber nicht so lange alt sein, als es vor der Zeit schon zu werden. So habe ich auch für jeden, der mich besuchen wollte, bisher immer noch Zeit gehabt. [...]

Jedes Lebensalter hat infolge der zeitlichen Entwicklung seinen eigenen Charakter; die Schwäche des Kindes, das Draufgängerische des jungen Mannes, der Ernst in bereits gesetzterem Alter und die Reife des hohen Alters haben etwas Naturgemäßes, das man zur rechten Zeit erkennen muß. [...]

Aber – könnte man sagen – es gibt doch viele alte Menschen, die so gebrechlich sind, daß sie keiner Aufgabe ihres Berufs oder überhaupt des Lebens mehr nachkommen können. Jedoch: Dieses Übel geht nicht eigentlich zu Lasten des Alters; es ist allgemeiner Natur und hängt mit dem Gesundheitszustand des Menschen zusammen. Wie schwächlich war z. B. jener Sohn des Publius Africanus, der dich an Sohnes Statt angenommen hat, wie zart oder vielmehr ein Nichts war seine Gesundheit! Wie sollte es also bei Greisen, wenn sie wirklich einmal kraftlos sind, etwas Auffallendes sein, wenn nicht einmal junge Leute diesem Mangel aus dem Wege gehen können? Es heißt dem Altern entgegentreten, und seine Gebrechen durch Umsicht aufwiegen, gegen das Altern kämpfen wie gegen eine Krankheit, nur der Gesundheit leben, Sport nur in bescheidenen Grenzen betreiben, und nur viel essen und trinken, daß die Kräfte ersetzt, nicht aber unterdrückt werden.

Man soll jedoch nicht nur den Körper stärken, sondern noch viel mehr die Denkkraft, den Geist. Denn auch die Geisteskräfte schwinden im hohen Alter, falls man nicht, wie bei einer Lampe, Öl nachträufelt. [...]

Achtunggebietend ist nämlich das Greisenalter nur dann, wenn ein alter Mensch sich selbst zu schützen weiß, wenn er sein Recht behauptet, wenn er sich keines anderen Gewalt verkauft, wenn er bis zum letzten Atemzug Herr ist über seine Leute. Denn wie ich den jungen Mann loben muß, der schon etwas von der Reife des Alters an sich hat, so gefällt mir auch ein alter Mensch, wenn er noch einen Rest jugendlicher Frische zeigt; wer dies zum Ziele hat, der kann wohl körperlich altern, geistig nie. [...]

Nun zum dritten Vorwurf, den man dem Alter macht: Daß es nämlich keine sinnliche Lust mehr zulasse. Was für ein herrliches Geschenk macht uns doch diese Altersstufe, wenn sie uns das nimmt, was in jungen Jahren der verwerflichste Fehler ist! [...] Kurz: kein Verbrechen, keine Schandtat sei denkbar, die nicht durch die Begierde nach sinnlicher Lust veranlaßt werden könnte; Unzucht aber und Ehebruch und alle derartigen Schändlichkeiten seien auf keinen anderen Anreiz zurückzuführen als eben auf die Sinnlichkeit; einerseits habe die Natur oder irgendein Gott dem Menschen nichts Edleres geschenkt als den Verstand, andererseits sei aber die Sinnlichkeit der größte Feind dieses herrlichen Geschenkes der Götter. [...]

Aber – wird eingewandt: Man ist doch als alter Mensch mürrisch, verdrießlich, jähzornig, eigensinnig. Nun, wenn wir nach Fehlern suchen: auch geizig! Allein diese Fehler liegen nicht am Alter, sondern im Charakter. Und doch hat auch das mürrische Wesen, ebenso wie die anderen genannten Unarten, einige Entschuldigung für sich, nicht gerade die einzig berechtigte, aber doch eine, die nach meinem Dafürhalten noch angehen mag: Alte Menschen glauben sich abgelehnt, geringgeschätzt und verspottet; außerdem reagiert man, wenn man körperlich nicht mehr auf der Höhe ist, gegen die geringste Widerwärtigkeit empfindlich. Aber ein guter Charakter und wissenschaftliche Bildung nehmen diesen ganzen Fehlern doch viel von ihrer Schärfe. [...] Wie unwirsch der eine, wie liebenswürdig der andere! Folgendermaßen steht die Sache: Nicht jeder Wein, aber eben auch nicht jeder Mensch wird durch das Alter sauer. Strenges Wesen gefällt mir an alten Menschen, aber, wie alles andere, in richtigen Grenzen, Schroffheit dagegen keineswegs. Was jedoch Geiz im Alter für einen Sinn haben soll, leuchtet mir nicht ein; denn was kann so absurd sein wie der Wunsch, um so mehr Reisegeld zu haben, je kürzer der Weg wird, den man noch zu machen hat?

Wir haben nun noch den vierten Punkt zu behandeln, der Menschen in meinem Alter offensichtlich ganz besonders bedrückt und aufregt: das Nahen des Todes, der sicherlich vom hohen Alter nicht mehr weit sein kann. Bedauernswert ist ein alter Mensch daran, wenn er in seinem ganzen langen Leben nicht begriffen hat, daß man auf den Tod nicht achten soll! Denn entweder kann er uns völlig gleichgültig sein – wenn er nämlich die Seele gänzlich austilgt; oder wir dürfen ihn uns sogar wünschen, nämlich dann, wenn er die Seele an irgendeinen Ort entrückt, wo ihr ewiges Leben beschieden ist; eine dritte Möglichkeit ist doch wohl nicht denkbar. Wozu also die Angst, wenn ich nach dem Tode entweder nicht unglücklich oder sogar glückselig sein werde? Und doch: Wer kann, wenn auch in noch so jungen Jahren, so dumm sein, daß er es für eine absolute Gewißheit ansieht, bis zum Abend leben zu bleiben? Ja, jene Altersstufe kennt sogar noch weit mehr Möglichkeiten eines schicksalhaften Todes als das Alter, in dem ich stehe: Jung wird man leichter krank, die Krankheiten sind schwerer, ihre Behandlung nimmt leichter den Lebensmut. So erreichen auch nur wenige ein hohes Alter; wäre dem nicht so, dann wäre unser Leben besser und vernünftiger. Denn Verstand, Vernunft und kluger Rat sind den Greisen vorbehalten; hätte es sie nicht gegeben, so hätte kein Staat je bestehen können.

Doch ich komme auf den bevorstehenden Tod zurück: Wie kann man seinetwegen das Alter anklagen? Ihr seht doch, daß man dann auch in gleicher Weise die Jugend beschuldigen müßte. [...] Man wendet ein: Der junge Mensch besitzt aber doch die Hoffnung, lange zu leben, eine Hoffnung, die man als alter Mensch nicht mehr haben kann. Es ist eine unüberlegte Hoffnung. Denn nichts ist dümmer als

Ungewisses für gewiß, Falsches für wahr zu halten. Man hält dem entgegen: Im Alter hat man ja nicht einmal einen Grund zu hoffen. Aber man ist um soviel besser daran als in der Jugend, als man das, was man jung nur erhoffen kann, im Alter ja schon erreicht hat; als Junger wünscht man sich ein langes Leben, als Alter hat man bereits lange gelebt. [...] Ist es aber nun nicht völlig menschlichem Wesen gemäß, daß alte Menschen sterben müssen? Widerfährt es jungen Menschen, so ist dies durchaus gegen die menschliche Natur, die sich dann aufbäumt. Daher kommt mir der Tod junger Leute vor wie das Ersticken eines gewaltigen Feuers mit einer Flut von Wasser; sterben aber alte Leute, so kommt gleichsam ein Feuer, das sich aufgezehrt hat, von selbst, ohne Gewalt, zum Erlöschen; und wie das Obst nur mit Mühe von den Bäumen abgepflückt werden kann, solange es noch grün ist, dagegen aber abfällt, sobald es zeitig und ausgereift ist, so nimmt jungen Leuten nur Gewalt, alten Menschen dagegen ihre Reife das Leben fort. Auf diese Reife freue ich mich so sehr, daß ich, je näher ich dem Tode komme, glaube, gleichsam »Land in Sicht« zu haben und endlich nach langer Seefahrt in einen Hafen zu gelangen.

Die Grenze, die das Greisenalter hat, ist nun aber keine bestimmte, und man kann in ihm noch schön leben, soweit man in der Lage ist, pflichtgemäße Aufgaben voll zu erfüllen und doch den Tod nicht zu fürchten. [...] Aber man muß von Jugend auf darauf vorbereitet sein, den Tod so gleichgültig zu nehmen, eine geistige Vorbereitung, ohne die niemand in seinem Inneren ruhig sein kann. Der Tod ist nämlich gewiß, ungewiß ist nur, ob er gerade heute kommt. Wenn man nun den Tod, der zu jeder Stunde droht, fürchtet, wie soll man dann innerlich stark sein können? Ich glaube, es ist gar keine so lange Erörterung über den Tod am Platz. [...] Überhaupt bewirkt, wie mir scheint, die sattsame Befriedigung aller Wünsche ein Satthaben des Lebens. Bestimmte Dinge fesseln das Kind; sehnt man sich nun etwa auch noch als junger Mann nach ihnen? Auch zu Beginn des Mannesalters hat man bestimmte Neigungen; verlangt man nach ihnen etwa, wenn man bereits reifer und in den sogenannten »mittleren Jahren« ist? Auch dort gibt es bestimmte Interessen; nicht einmal nach diesen verlangt man im Alter. Gewisse »letzte« Neigungen aber kommen im Greisenalter; wie nun also die Interessen der früheren Altersstufen nichtig werden, so hören auch die des hohen Alters auf; dann aber hat man eine befriedigende Sättigung des Lebens erfahren, und es ist Zeit zu sterben.

ERICH KÄSTNER
Die Existenz im Wiederholungsfalle

Man müßte wieder sechzehn Jahre sein
und alles, was seitdem geschah, vergessen.
Man müßte wieder seltne Blumen pressen
und (weil man wächst) sich an der Türe messen
und auf dem Schulweg in die Tore schrein.

Man müßte wieder nachts am Fenster stehn
und auf die Stimmen der Passanten hören,
wenn sie den leisen Schlaf der Straßen stören.
Man müßte sich, wenn einer lügt, empören
und ihm fünf Tage aus dem Wege gehn.

Man müßte wieder durch den Stadtpark laufen.
Mit einem Mädchen, das nach Hause muß
und küssen will und Angst hat vor dem Kuß.
Man müßte ihr und sich, vor Ladenschluß,
für zwei Mark fünfzig ein Paar Ringe kaufen.

Man würde seiner Mutter wieder schmeicheln,
weil man zum Jahrmarkt ein paar Groschen braucht.
Man sähe dann den Mann, der lange taucht.
Und einen Affen, der Zigarren raucht.
Und ließe sich von Riesendamen streicheln.

Man ließe sich von einer Frau verführen
und dächte stets: Das ist Herrn Nußbaums Braut.
Man spürte ihre Hände auf der Haut.
Das Herz im Leibe schlüge hart und laut,
als schlügen nachts im Elternhaus die Türen.

Man sähe alles, was man damals sah.
Und alles, was seit jener Zeit geschah,
das würde nun zum zweitenmal geschehn ...
Dieselben Bilder willst du wiedersehn?
Ja!

FRIEDRICH NIETZSCHE
Die Lebensalter

Die Vergleichung der vier Jahreszeiten mit den vier Lebensaltern ist eine ehrwürdige Albernheit. Weder die ersten 20, noch die letzten 20 Jahre des Lebens entsprechen
einer Jahreszeit: vorausgesetzt, daß man sich bei der Ver

gleichung nicht mit dem Weiß des Haares und Schnees und mit ähnlichen Farbenspielen begnügt. Jene ersten zwanzig Jahre sind eine Vorbereitung auf das Leben überhaupt, auf das ganze Lebensjahr, als eine Art langen Neujahrstages; und die letzten zwanzig überschauen, verinnerlichen, bringen in Fug und Zusammenklang, was nur alles vorher erlebt wurde: so wie man es, in kleinem Maße, an jedem Silvestertage mit dem ganzen verflossenen Jahre tut. Zwischen ihnen liegt aber in der Tat ein Zeitraum, welcher die Vergleichung mit den Jahreszeiten nahelegt, der Zeitraum vom zwanzigsten bis zum fünfzigsten Jahre (um hier einmal in Bausch und Bogen nach Jahrzehnten zu rechnen, während es sich von selber versteht, dass jeder nach seiner Erfahrung diese groben Ansätze für sich verfeinern muss). Jene dreimal zehn Jahre entsprechen dreien Jahreszeiten: dem Sommer, dem Frühling und dem Herbste, – einen Winter hat das menschliche Leben nicht, es sei denn, dass man die leider nicht selten eingeflochtenen harten, kalten, einsamen, hoffnungsarmen, unfruchtbaren *Krankheitszeiten* die Winterzeiten der Menschen nennen will. Die zwanziger Jahre: heiß, lästig, gewitterhaft, üppig treibend, müde machend, Jahre, in denen man den Tag am Abend, wenn er zu Ende ist, preist und sich dabei die Stirn abwischt: Jahre, in denen die Arbeit uns hart, aber notwendig dünkt, – diese zwanziger Jahre sind der *Sommer* des Lebens. Die dreißiger dagegen sind sein *Frühling*: die Luft bald zu warm, bald zu kalt, immer unruhig und anreizend: quellender Saft, Blätterfülle, Blütenduft überall: viele bezaubernde Morgen und Nächte: die Arbeit, zu der der Vogelgesang uns weckt, eine rechte Herzens-Arbeit, eine Art Genuß der eigenen

Rüstigkeit, verstärkt durch vorgenießende Hoffnungen. Endlich die vierziger Jahre: geheimnisvoll, wie alles Stillestehende; einer hohen weiten Berg-Ebene gleichend, an der ein frischer Wind hinläuft; mit einem klaren, wolkenlosen Himmel darüber, welcher den Tag über und in die Nächte hinein immer mit der gleichen Sanftmut blickt: die Zeit der Ernte und der herzlichsten Heiterkeit – es ist der *Herbst* des Lebens.

WILHELM LEHMANN

Auf den Tod von Sir Albert Morton's Frau

Er starb voraus ihr.
Sie versuchte, ohne ihn zu leben,
Doch es gefiel ihr nicht,
sie hat sich schnell ihm nachbegeben.

NOËLLE CHÂTELET

Die Klatschmohnfrau

Marthe liegt im Bett.

Mit halbgeschlossenen Augen zögert sie den Augenblick des Erwachens noch etwas hinaus, diese seltsamen Minuten des Schwankens, in denen sie alterslos ist und durch alle Phasen ihrer Vergangenheit streifen kann. So geht sie von einer Marthe zur anderen, läßt ihre Erinnerung verweilen, wie es ihr gefällt, ganz nach Lust und Laune, heiter oder betrübt. Je nachdem.

Und sie seufzt. Sie seufzt gern, selbst ohne Grund. Diese

kleinen Windstöße der Seele sind so beruhigend, so erfrischend.

Nach dem Seufzer – aber erst danach – öffnet sie weit die Augen, betrachtet ihr Schlafzimmer, ihr Leben. Das Leben einer alten Dame.

Die Ausstattung ist beige, verblichen, wie die Vorhänge, die Tagesdecke und die Häkeldeckchen auf den beiden Sesseln und der Kommode.

Sich aufzurichten, auf den Rand des Betts zu setzen, erfordert eine gewisse Vorsicht. Die steif gewordenen Glieder zu recken, sich auf das Stechen in der linken Hüfte einzustellen, das Marthe dann bis zum Zubettgehen mehr oder weniger hartnäckig begleiten wird.

Ein weiterer Seufzer. Die Pantoffeln. Der Morgenrock aus Satin.

Die Küchenuhr zeigt acht Uhr an, wie sollte es auch anders sein? Der Kessel kocht. Das Brot ist im Toaster. Drei kleine Scheiben, mehr nicht.

Die Überraschung kommt beim Aufgießen des Tees. Zwei gestrichene Teelöffel, mehr nicht.

Der Gedanke behagt ihr nicht so wie sonst. Wenn sie auf sich hören würde, müßte sie sogar sagen, daß sich ihr beim Geruch des Tees der Magen umdreht, und da Marthe nun einmal auf sich hört – das tut sie fast nur noch –, legt sie besorgt beide Hände auf die Brust.

Das Herz schlägt ruhig. Trotzdem zieht Marthe den Hocker näher, zählt gewissenhaft die Pillen ab und legt sie bereit. Medikamente sind wie Seufzer: Sie beruhigen. Sie zu zählen, tut schon gut – dem Herzen, der Hüfte.

Ihr plötzlicher Widerwille gegen Tee macht sie stutzig. Doch wie soll eine Frau, die seit so vielen Jahren nichts mehr begehrt, schon ahnen, daß die Verwirrung, in die sie geraten ist, ganz einfach auf einem Gelüst beruht?

Marthe hat Lust auf Kaffee. Nach zwanzig unermüdlichen Ceylon-Tee-Jahren hat Marthe Lust auf Kaffee.

Der Tee war wohl einer gewissen Zwangslage, einer Kapitulation des ganzen Körpers am Tag von Edmonds Beerdigung entsprungen, als Marthe, von Übelkeit geplagt, die Kraft dazu gefehlt hatte, allein am Tisch vor ihrem Milchkaffee in dieser selben Küche sitzen zu müssen, auch wenn sie schon so manches Mal davon geträumt hatte, in Ruhe, ohne das Brummen ihres Mannes, den immer irgend etwas oder irgend jemand verstimmte, frühstücken zu können.

Edmond der Griesgram, der gallige Edmond . . .

Marthe hat Kaffee im Haus. Für ihre Kinder, wenn sie zu Besuch kommen, oder für die Concierge, wenn sie das Treppenhaus putzt.

Doch der Kaffee, den Marthe für sich kocht, hat weder etwas mit dem Kaffee für die Kinder noch mit dem für Madame Groslier mit ihren nach Bohnerwachs riechenden Fingern zu tun.

Diesen Kaffee schlürft Marthe jetzt genüßlich mit halbgeschlossenen Augen, als wache sie zum zweitenmal auf. Gierig trinkt sie ihre Tasse leer.

Seltsame Sekunden des Schwankens.

Dann drängt sich ihr ein Bild auf, das noch ganz deutlich ist, weil es vom gestrigen Tag stammt, das Bild des Mannes mit den tausend Halstüchern, Stammgast wie sie im Bistro »Les Trois Canons«, nachmittags, wenn es ruhig ist, wenn die Ruhe zur Leere wird und die Langeweile an den Rändern der Einsamkeit nagt.

Gestern nachmittag trug er zu seiner unvermeidlichen Jacke aus braunem Kordsamt einen ziemlich modischen, granatfarbenen Schal mit Kaschmirmustern.

Gestern nachmittag hatte er sich zum Kaffee einen Trester bestellt, und Valentin hatte ihm, als er das Gewünschte brachte, auf unbeschreibliche Weise zugeblinzelt und als Zeugen den alten Hund mit dem weißen, leicht struppigen Fell genommen, der seinem Herrn brav zu Füßen lag und ihm zutiefst ähnelte.

Gestern nachmittag hatte sich der Mann mit den tausend Halstüchern Marthe zugewandt. Mit erstaunlicher Eleganz für einen Mann, der trotz seines Alters so kräftige Hände hatte – Hände, die sie letztlich stärker überraschten als die eindrucksvolle Vielzahl seiner Halstücher und Schals –, hatte er langsam seine Tasse gehoben und den Kaffee, dessen starker Duft sie einhüllte und mit dem er ihr offensichtlich zutrank, geschlürft, ohne die Augen von ihr zu wenden, als wolle er sie an diesem Moment höchsten Genusses teilhaben lassen.

Wider alles Erwarten hatte Marthe nicht mit der Wimper gezuckt, nicht zuletzt, weil von diesem Blick, dem nichts Vulgäres anhaftete, irgend etwas Brüderliches ausging. Aus einer Entfernung von drei Tischen hatte sie also nur durch die Kraft ihrer gemeinsamen, spontanen Erfindungsgabe die Tasse mit ihm bis auf den letzten Tropfen geleert. Anschließend vertiefte sich der Mann mit den tausend Halstüchern wieder völlig gelassen in sein Zeichenheft, während Marthe sich ihr Riesenkreuzworträtsel vornahm und sich zwang, den nun völlig faden Eisenkrauttee auszutrinken ...

Entgegen ihrer Befürchtung zieht diese morgendliche

Kaffee-Eskapade weder Herzklopfen noch andere Strafen ähnlicher Art nach sich. Marthe gönnt sich also eine weitere Tasse und schlürft sie langsam, bis sich ihrer flachen, ein wenig knochigen Brust ein genüßlicher Seufzer entringt.

Marthe nutzt diese angenehme Energie, um ihr Schlafzimmer zu lüften und die Zeitungen zu sortieren. In dem gestrigen, zu drei Vierteln gelösten Kreuzworträtsel erregt ein Wort in der Mitte der Felder ihre Aufmerksamkeit. Das Wort, das sie geschrieben hat, nachdem sie den Kaffee mit dem Mann mit den tausend Halstüchern »geteilt« hat. Sie liest: »Plan« – ein Begriff, der »eine besondere Absicht« definiert, wie die Zeitung formuliert. Marthe, die nicht weiß, daß sie errötet, bekommt plötzlich warme Wangen.

Einen Plan hat sie tatsächlich. Und eine ganz besondere Absicht ebenfalls. Nach so vielen Jahren ohne Gelüste, ohne jegliches Begehren, besteht Marthes ganz besondere Absicht darin, noch heute um drei Uhr in die »Trois Canons« zu gehen und bei Valentin zwei Kaffee zu bestellen – einen davon für sich.

SILVIA BOVENSCHEN

Dicke Pferde

Sie verschwanden so langsam, so schleichend aus dem Straßenbild, daß mir ihr Verschwinden erst viel später auffiel, als es sie lange schon nicht mehr gab: die Gezeichneten, die Versehrten, die Krüppel, wie man damals noch sagte. Männer an Krücken, ein leeres Hosenbein hochgebunden, ein inhaltsloser Jackenärmel schlaff herunterhängend, die starre hölzerne Hand im schwarzen Handschuh, schlecht geflickte Gesichter. Das waren die Kriegsverletzten. Blinde, Kaputtgeschossene, von Bränden Gezeichnete.

Aber auch jene Entstellungen durch das, was humorvolle Leute gerne als »Laune der Natur« bezeichnen, sah man zur Zeit meiner Kindheit in großer Zahl: allenthalben schielende Augen, Klumpfüße, Buckel, Kröpfe, Menschen mit wulstigen Diphterienarben, mit großen Geschwülsten – und dann gab es noch die Armen, die den Arzt nicht zahlen konnten, Menschen mit offenen Wunden und zahnlosen Mündern.

Sie alle verschwanden mit der Zeit, mit zunehmender Prosperität und ärztlicher Kunstfertigkeit, so wie die dikken Pferde, die die Wagen, hochbeladen mit Blockeis, Bier oder Kohlen, durch die holprigen Straßen zogen. Sie hießen meistens Liese oder Lotte, und nette Kutscher setzten ihnen im Sommer, um sie vor der Sonne zu schützen, Strohhüte auf, in die Löcher für die Ohren geschnitten worden waren. Ich hatte mein Gehör gut trainiert und erkannte das Geklapper der Hufe auf dem Kopfsteinpflaster schon, wenn die Gefährte in unsere Straße einbogen. Dann rannte ich zur Speisekammer und entnahm einem Gefäß, das meine Mutter für diesen Zweck bereitstellte, kleingeschnittene Möhren und hielt sie den Gäulen auf straff ausgestreckter Hand vor die Mäuler. Manchmal hatte ich den Mut, den Kutschern zu sagen, daß sie ihnen die Schweife nicht kupieren sollten, weil dies die Waffe der Pferde gegen die Fliegen sei. Bestenfalls, wenn sie nicht über die altkluge Göre fluchten, lachten sie mich aus.

Das war mir schmerzhaft aufgefallen, daß die Pferde-

wagen allmählich den zunächst meist dreirädrigen moto-
risierten Lieferautos weichen mußten.

Das Verschwinden der Versehrten – das Ausmaß der
seit meiner Kindheit möglich gewordenen Reparaturein-
griffe – trat mir erst kürzlich deutlich ins Bewußtsein,
als eine Schriftstellerin – auch nicht mehr die Jüngste –,
sich in die Gentechnologiedebatte einmischend behaup-
tete, daß es doch die schadhaften Unvollkommenheiten
seien, die Defekte, die das Humanum auszeichneten. Erst
im Leid komme der Mensch zu sich. Ja, was denkt sie
sich denn da, in ihrer Sorge um das Genügen des Leids?
Für den Schmerz war seit Hiob noch immer gesorgt. Geht
Pest, kommt Aids. Was immer auf den biotechnologi-
schen Baustellen der Menschheitsumgestaltung zu unserem Schaden oder unserem Nutzen erdacht und gemacht
werden kann, fürs Leid wird es immer genügend Schlupf-
löcher geben.

Zu den wenigen Überzeugungen, die mir im Lauf der Zeit
nicht verlorengingen, gehört, daß es, bei allen Anstren-
gungen zur Verbesserung von allem, zur Vermehrung des
Guten, immer nur um die Verminderung des Leids gehen
kann. Die Zeichen weisen in eine andere Richtung.

Was die zahnlosen Münder betrifft: Man sieht sie schon
wieder in den ärmeren Stadtvierteln Berlins. Die Gesund-
heitsreform (ein denkwürdiges Wort) hat dafür gesorgt.
Und sie wird für mehr sorgen.

HERMANN HESSE
Brief

Im Älterwerden neigt man dazu, auch die moralischen Erscheinungen, die Verwirrungen und Entartungen im Men-
schen- und Völkerleben wie Naturlaunen zu nehmen, wobei einem wenigstens der tröstliche Ausblick bleibt, daß
noch nach jeder Katastrophe wieder Gras und Blumen ge-
wachsen sind und daß nach jeder Verrücktheit die Völker wieder zu gewissen moralischen Grundbedürfnissen
zurückkehren, denen trotz allem doch eine gewisse Stabi-
lität und Norm innezuwohnen scheint.

Das Bedürfnis der Jugend ist: sich selbst ernst nehmen
zu können. Das Bedürfnis des Alters ist: sich selber opfern
zu können, weil über ihm etwas steht, was es ernst nimmt.
Ein geistiges Leben muß zwischen diesen beiden Polen ab-
laufen und spielen. Denn Aufgabe, Sehnsucht und Pflicht
der Jugend ist das Werden, Aufgabe des reifen Menschen
ist das Sichweggeben oder, wie die deutschen Mystiker es
einst nannten, das »Entwerden«. Man muß erst ein voller
Mensch, eine wirkliche Persönlichkeit geworden sein und
die Leiden dieser Individuation erlitten haben, ehe man
das Opfer dieser Persönlichkeit bringen kann.

Erst im Altwerden sieht man die Seltenheit des Schönen, und welches Wunder es eigentlich ist, wenn zwischen
den Fabriken und Kanonen auch Blumen blühen und zwischen den Zeitungen und Börsenzetteln auch noch Dich-
tungen leben.

Das Altwerden an sich ist ja ein natürlicher Prozeß, und
ein Mann von 65 oder 75 Jahren ist, wenn er nicht jünger
sein will, durchaus ebenso gesund und normal wie einer

von 30 oder 50. Aber man ist eben mit seinem eigenen Alter leider nicht immer auf einer Stufe, man eilt ihm innerlich oft voraus, und noch öfter bleibt man hinter ihm zurück – das Bewußtsein und Lebensgefühl ist dann weniger reif als der Körper, wehrt sich gegen dessen natürliche Erscheinungen und verlangt etwas von sich selber, was es nicht leisten kann.

Was wäre mit uns Alten, wenn wir das nicht hätten: das Bilderbuch der Erinnerung, den Schatz an Erlebtem! Kläglich wäre es und elend. So aber sind wir reich, und wir tragen nicht nur einen verbrauchten Leib dem Ende und dem Vergessen entgegen, sondern sind auch Träger jenes Schatzes, der so lange lebt und leuchtet, als wir atmen.

BERTOLT BRECHT

Die unwürdige Greisin

Meine Großmutter war zweiundsiebzig Jahre alt, als mein Großvater starb. Er hatte eine kleine Lithographenanstalt in einem badischen Städtchen und arbeitete darin mit zwei, drei Gehilfen bis zu seinem Tod. Meine Großmutter besorgte ohne Magd den Haushalt, betreute das alte, wacklige Haus und kochte für die Mannsleute und Kinder.

Sie war eine kleine magere Frau mit lebhaften Eidechsenaugen, aber langsamer Sprechweise. Mit recht kärglichen Mitteln hatte sie fünf Kinder großgezogen – von den sieben, die sie geboren hatte. Davon war sie mit den Jahren kleiner geworden.

Von den Kindern gingen die zwei Mädchen nach Amerika, und zwei Söhne zogen ebenfalls weg. Nur der Jüngste, der eine schwache Gesundheit hatte, blieb im Städtchen. Er wurde Buchdrucker und legte sich eine viel zu große Familie zu. So war sie allein im Haus, als mein Großvater gestorben war.

Die Kinder schrieben sich Briefe über das Problem, was mit ihr zu geschehen hätte. Einer konnte ihr bei sich ein Heim anbieten, und der Buchdrucker wollte mit den Seinen zu ihr ins Haus ziehen. Aber die Greisin verhielt sich abweisend zu den Vorschlägen und wollte nur von jedem ihrer Kinder, das dazu imstande war, eine kleine geldliche Unterstützung annehmen. Die Lithographenanstalt, längst veraltet, brachte fast nichts beim Verkauf, und es waren auch Schulden da. Die Kinder schrieben ihr, sie könne doch nicht ganz allein leben, aber als sie darauf überhaupt nicht einging, gaben sie nach und schickten ihr monatlich ein bißchen Geld. Schließlich, dachten sie, war ja der Buchdrucker im Städtchen geblieben.

Der Buchdrucker übernahm es auch, seinen Geschwistern mitunter über die Mutter zu berichten. Seine Briefe an meinen Vater, und was dieser bei einem Besuch und nach dem Begräbnis meiner Großmutter zwei Jahre später erfuhr, geben mir ein Bild von dem, was in diesen zwei Jahren geschah.

Es scheint, daß der Buchdrucker von Anfang an enttäuscht war, daß meine Großmutter sich weigerte, ihn in das ziemlich große und leerstehende Haus aufzunehmen. Er wohnte mit vier Kindern in drei Zimmern. Aber die Greisin hielt überhaupt nur eine sehr lose Verbindung mit ihm aufrecht. Sie lud die Kinder jeden Sonntagnachmittag zum Kaffee, das war eigentlich alles.

Sie besuchte ihren Sohn ein- oder zweimal in einem Vierteljahr und half der Schwiegertochter beim Beereneinkochen. Die junge Frau entnahm einigen ihrer Äußerungen, daß es ihr in der kleinen Wohnung des Buchdruckers zu eng war. Dieser konnte sich nicht enthalten, in seinem Bericht darüber ein Ausrufezeichen anzubringen.

Auf eine schriftliche Anfrage meines Vaters, was die alte Frau denn jetzt so mache, antwortete er ziemlich kurz, sie besuche das Kino.

Man muß verstehen, daß das nichts Gewöhnliches war, jedenfalls nicht in den Augen ihrer Kinder. Das Kino war vor dreißig Jahren noch nicht, was es heute ist. Es handelte sich um elende, schlecht gelüftete Lokale, oft in alten Kegelbahnen eingerichtet, mit schreienden Plakaten vor dem Eingang, auf denen Morde und Tragödien der Leidenschaft angezeigt waren. Eigentlich gingen nur Halbwüchsige hin oder, des Dunkels wegen, Liebespaare. Eine einzelne Frau mußte dort sicher auffallen.

Und so war noch eine andere Seite dieses Kinobesuches zu bedenken. Der Eintritt war gewiß billig, da aber das Vergnügen ungefähr unter den Schleckereien rangierte, bedeutete es »hinausgeworfenes Geld«. Und Geld hinauszuwerfen war nicht respektabel.

Dazu kam, daß meine Großmutter nicht nur mit ihrem Sohn am Ort keinen regelmäßigen Verkehr pflegte, sondern auch sonst niemanden von ihren Bekannten besuchte oder einlud. Sie ging niemals zu den Kaffeegesellschaften des Städtchens. Dafür besuchte sie häufig die Werkstatt eines Flickschusters in einem armen und sogar etwas verrufenen Gäßchen, in der, besonders nachmittags, allerlei nicht besonders respektable Existenzen herumsaßen, stellungslose Kellnerinnen und Handwerksburschen. Der Flickschuster war ein Mann in mittleren Jahren, der in der ganzen Welt herumgekommen war, ohne es zu etwas gebracht zu haben. Es hieß auch, daß er trank. Er war jedenfalls kein Verkehr für meine Großmutter.

Der Buchdrucker deutete in einem Brief an, daß er seine Mutter darauf hingewiesen, aber einen recht kühlen Bescheid bekommen habe. »Er hat etwas gesehen«, war ihre Antwort, und das Gespräch war damit zu Ende. Es war nicht leicht, mit meiner Großmutter über Dinge zu reden, die sie nicht bereden wollte.

Etwa ein halbes Jahr nach dem Tod des Großvaters schrieb der Buchdrucker meinem Vater, daß die Mutter jetzt jeden zweiten Tag im Gasthof esse.

Was für eine Nachricht!

Großmutter, die zeit ihres Lebens für ein Dutzend Menschen gekocht und immer nur die Reste aufgegessen hatte, aß jetzt im Gasthof! Was war in sie gefahren? Bald darauf führte meinen Vater eine Geschäftsreise in die Nähe, und er besuchte seine Mutter.

Er traf sie im Begriffe, auszugehen. Sie nahm den Hut wieder ab und setzte ihm ein Glas Rotwein mit Zwieback vor. Sie schien ganz ausgeglichener Stimmung zu sein, weder besonders aufgekratzt noch besonders schweigsam. Sie erkundigte sich nach uns, allerdings nicht eingehend, und wollte hauptsächlich wissen, ob es für die Kinder auch Kirschen gäbe. Da war sie ganz wie immer. Die Stube war natürlich peinlich sauber, und sie sah gesund aus.

Das einzige, was auf ihr neues Leben hindeutete, war, daß sie nicht mit meinem Vater auf den Gottesacker gehen wollte, das Grab ihres Mannes zu besuchen. »Du kannst allein hingehen«, sagte sie beiläufig, »es ist das dritte von links in der elften Reihe. Ich muß noch wohin.«

Der Buchdrucker erklärte nachher, daß sie wahrscheinlich zu ihrem Flickschuster mußte. Er klagte sehr. »Ich sitze hier in diesen Löchern mit den Meinen und habe nur noch fünf Stunden Arbeit und schlecht bezahlte, dazu macht mir mein Asthma wieder zu schaffen, und das Haus in der Hauptstraße steht leer.« Mein Vater hatte im Gasthof ein Zimmer genommen, aber erwartet, daß er zum Wohnen doch von seiner Mutter eingeladen werden würde, wenigstens pro forma, aber sie sprach nicht davon. Und sogar als das Haus voll gewesen war, hatte sie immer etwas dagegen gehabt, daß er nicht bei ihnen wohnte und dazu Geld für das Hotel ausgab!

Aber sie schien mit ihrem Familienleben abgeschlossen zu haben und neue Wege zu gehen, jetzt, wo ihr Leben sich neigte. Mein Vater, der eine gute Portion Humor besaß, fand sie »ganz munter« und sagte meinem Onkel, er solle die alte Frau machen lassen, was sie wolle. Aber was wollte sie?

Das nächste, was berichtet wurde, war, daß sie eine Bregg bestellt hatte und nach einem Ausflugsort gefahren war, an einem gewöhnlichen Donnerstag. Eine Bregg war ein großes, hochrädriges Pferdegefährt mit Plätzen für ganze Familien. Einige Male, wenn wir Enkelkinder zu Besuch gekommen waren, hatte Großvater die Bregg gemietet.

Großmutter war immer zu Hause geblieben. Sie hatte es mit einer wegwerfenden Handbewegung abgelehnt, mitzukommen.

Und nach der Bregg kam die Reise nach K., einer größeren Stadt, etwa zwei Eisenbahnstunden entfernt. Dort war ein Pferderennen, und zu dem Pferderennen fuhr meine Großmutter.

Der Buchdrucker war jetzt durch und durch alarmiert. Er wollte einen Arzt hinzugezogen haben. Mein Vater schüttelte den Kopf, als er den Brief las, lehnte aber die Hinzuziehung eines Arztes ab.

Nach K. war meine Großmutter nicht allein gefahren. Sie hatte ein junges Mädchen mitgenommen, eine halb Schwachsinnige, wie der Buchdrucker schrieb, das Küchenmädchen des Gasthofs, in dem die Greisin jeden zweiten Tag speiste.

Dieser »Krüppel« spielte von jetzt an eine Rolle. Meine Großmutter schien einen Narren an ihr gefressen zu haben. Sie nahm sie mit ins Kino und zum Flickschuster, der sich übrigens als Sozialdemokrat herausgestellt hatte, und es ging das Gerücht, daß die beiden Frauen bei einem Glas Rotwein in der Küche Karten spielten. »Sie hat dem Krüppel jetzt einen Hut gekauft mit Rosen drauf«, schrieb der Buchdrucker verzweifelt. »Und unsere Anna hat kein Kommunionskleid!«

Die Briefe meines Onkels wurden hysterisch, handelten nur von der »unwürdigen Aufführung unserer lieben Mutter« und gaben sonst nichts mehr her. Das Weitere habe ich von meinem Vater.

Der Gastwirt hatte ihm mit Augenzwinkern zugeraunt: »Frau B. amüsiert sich ja jetzt, wie man hört.«

In Wirklichkeit lebte meine Großmutter auch diese letzten Jahre keinesfalls üppig. Wenn sie nicht im Gasthof aß, nahm sie meist nur ein wenig Eierspeise zu sich, etwas Kaffee und vor allem ihren geliebten Zwieback. Dafür leistete sie sich einen billigen Rotwein, von dem sie zu allen Mahlzeiten ein kleines Glas trank. Das Haus hielt sie sehr rein, und nicht nur die Schlafstube und die Küche, die sie benutzte. Jedoch nahm sie darauf ohne Wissen ihrer Kinder eine Hypothek auf. Es kam niemals heraus, was sie mit dem Geld machte. Sie scheint es dem Flickschuster gegeben zu haben. Er zog nach ihrem Tod in eine andere Stadt und soll dort ein größeres Geschäft für Maßschuhe eröffnet haben.

Genau betrachtet lebte sie hintereinander zwei Leben. Das eine, erst, als Tochter, als Frau und als Mutter, und das zweite einfach als Frau B., eine alleinstehende Person ohne Verpflichtungen und mit bescheidenen, aber ausreichenden Mitteln. Das erste Leben dauerte etwa sechs Jahrzehnte, das zweite nicht mehr als zwei Jahre.

Mein Vater brachte in Erfahrung, daß sie im letzten halben Jahr sich gewisse Freiheiten gestattete, die normale Leute gar nicht kennen. So konnte sie im Sommer früh um drei Uhr aufstehen und durch die leeren Straßen des Städtchens spazieren, das sie so für sich ganz allein hatte. Und den Pfarrer, der sie besuchen kam, um der alten Frau in ihrer Vereinsamung Gesellschaft zu leisten, lud sie, wie allgemein behauptet wurde, ins Kino ein!

Sie war keineswegs vereinsamt. Bei dem Flickschuster verkehrten anscheinend lauter lustige Leute, und es wurde viel erzählt. Sie hatte dort immer eine Flasche ihres eigenen Rotweins stehen, und daraus trank sie ihr Gläschen, während die anderen erzählten und über die würdigen Autoritäten der Stadt loszogen. Dieser Rotwein blieb für sie reserviert, jedoch brachte sie mitunter der Gesellschaft stärkere Getränke mit.

Sie starb unvermittelt an einem Herbstnachmittag in ihrem Schlafzimmer, aber nicht im Bett, sondern auf dem Holzstuhl am Fenster. Sie hatte den »Krüppel« für den Abend ins Kino eingeladen, und so war das Mädchen bei ihr, als sie starb. Sie war vierundsiebzig Jahre alt.

Ich habe eine Fotografie von ihr gesehen, die sie auf dem Totenbett zeigt und die für die Kinder angefertigt worden war.

Man sieht ein winziges Gesichtchen mit vielen Falten und einem schmallippigen, aber breiten Mund. Viel Kleines, aber nichts Kleinliches. Sie hatte die langen Jahre der Knechtschaft und die kurzen Jahre der Freiheit ausgekostet und das Brot des Lebens aufgezehrt bis auf den letzten Brosamen.

JUN'ICHIRŌ TANIZAKI

Tagebuch eines alten Narren

Bis zu meinem fünfzigsten Lebensjahr war der Gedanke an den Tod eine Qual für mich. Jetzt ist das anders geworden. Vielleicht hat mich das Leben müde gemacht. Es ist mir nun ziemlich gleichgültig, wann ich sterbe. Als man mir neulich bei der Schichtaufnahme im Toranomon-Krankenhaus sagte, es könne Krebs sein, wurden meine Frau und die Pflegerin, die mich begleitet hatten, blaß vor Schreck. Mir war es völlig einerlei. Ich war selber erstaunt, wie gelassen ich das hinnahm. Fast erleichtert dachte ich: nun hat also dieses lange, lange Leben bald ein Ende! Ich hänge nicht mehr im mindesten an diesem Dasein; aber solange ich auf Erden bin, fühle ich mich

nun einmal unwiderstehlich zu den Frauen hingezogen.
Ich glaube, das wird sich bis zu meinem letzten Atemzug
nicht ändern. Ich habe zwar nicht die Vitalität eines Ku-
bara Fusanosuke, der noch mit neunzig Jahren Kinder
zeugte – dazu wäre ich nicht mehr fähig –, aber das Ge-
schlechtliche beglückt mich noch immer, wenn auch indi-
rekt und auf andere Art. Im Augenblick sind dies und der
Genuß, den ich beim Essen empfinde, die einzigen Freuden meines Lebens. Ich glaube, nur Satsuko ahnt das dunkel. Sie ist die einzige in diesem Hause, die etwas davon
versteht. Manchmal versucht sie diese »indirekten Metho-
den«, und es bereitet ihr Vergnügen, meine Reaktion zu
beobachten.

Ich weiß selber sehr genau, daß ich ein häßlicher, wel-
ker alter Mann bin. Wenn ich abends mein Gebiß heraus-
genommen habe und mich im Spiegel betrachte, sehe ich
wirklich abstoßend aus. Ich habe keinen einzigen Zahn
mehr im Mund; auch das Zahnfleisch ist verschwunden.
Wenn ich den Mund schließe, verschwimmen Ober- und
Unterlippe weich ineinander, und die Nase hängt fast bis
aufs Kinn herab. Ich kann kaum glauben, daß dies mein
Gesicht sein soll. Kein Mensch, ja, nicht einmal ein Affe
hat ein so abstoßend häßliches Gesicht. Wie kann man
hoffen, trotz eines solchen Aussehens von den Frauen geliebt zu werden? Aber es liegt ein gewisser Vorteil darin,
wenn alle Welt glaubt, man selber habe klar erkannt, daß
man ein alter Mann sei, der zur Liebe nicht mehr fähig
ist. Wenn dieser Vorteil einem auch sonst nichts einbringt,
so ist es einem dadurch doch vergönnt, mit schönen Frau-
en zusammen zu sein, ohne Verdacht zu erregen.

ADOLPH FREIHERR VON KNIGGE
Von dem Umgange unter Menschen von verschiedenem Alter

Selten nehmen ältere Leute so billige Rücksicht, daß sie sich in Gedanken an die Stelle jüngerer Personen setzen, die Freuden derselben nicht störten, sondern vielmehr zu befördern und durch Teilnahme lebhafter zu machen suchten. Sie denken sich nicht in ihre eignen Jugendjahre zurück; Greise verlangen von Jünglingen dieselbe ruhige, nüchterne, kaltblütige Überlegung, Abwägung des Nützlichen und Nötigen gegen das Entbehrliche, dieselbe Gesetztheit, die ihnen Jahre, Erfahrung und physische Herabspannung gegeben haben. Die Spiele der Jugend scheinen ihnen unbedeutend, die Scherze leichtfertig. Es ist aber wahrlich erstaunlich schwer, sich so ganz in die Lage zurückzudenken, in welcher wir vor zwanzig oder dreißig Jahren waren, und bei dem besten Willen entstehen daraus manche unbilligen Urteile und manche Übereilungen bei Erziehung der Jugend. – O lasset uns doch lieber selbst so lange jung bleiben, als möglich ist, und wenn der Winter unsers Lebens unser Haar mit Schnee deckt, und nun das Blut langsamer durch die Adern rollt, das Herz nicht mehr so warm und laut im Busen pocht, doch mit teilnehmender Wonne auf unsre jüngern Brüder herabsehn, die noch Frühlingsblumen pflücken, wenn wir, dick eingehüllt, am häuslichen, väterlichen Herde Ruhe suchen. Lasset uns nicht durch plattes Räsonnement die süßen Freuden der Phantasie niederpredigen. Wenn wir zurückschauen auf jene seligen Tage, wo ein einziger Liebesblick des holden Mädchens, das jetzt eine alte runzlige Matrone ist, uns bis in den dritten Himmel entzückte; wo bei Musik und Tanz jede Nerve in uns widerhallte; wo Scherz und Witz jeden trüben Gedanken verjagten; wo süße Träume, Ahnungen, Hoffnungen unsre Existenz froh machten – o, so lasset uns doch diese glückliche Periode bei unsern Kindern zu verlängern trachten und so viel möglich teilnehmen an ihren Wonnegefühlen. Mit zärtlicher Ehrerbietung drängen sich dann Kind, Knabe, Mädchen und Jüngling um den freundlichen alten Mann, der sie zu unschuldiger Fröhlichkeit aufmuntert. Ich bin als Jüngling mit so liebenswürdigen alten Damen umgegangen, daß ich wahrlich, wenn ich die Wahl gehabt hätte, an ihrer Seite lieber mein Leben hingebracht haben würde als bei manchen hübschen, jungen Mädchen; und wenn bei großen Tafeln mich als einen jungen Menschen die Reihe traf, neben einer dummen Schönheit Platz zu nehmen, so habe ich oft den Mann beneidet, dem sein Rang ein Recht gab, der Nachbar einer verständigen, muntern alten Frau zu sein.

HERMANN HESSE

Die Reife

Mit der Reife wird man immer jünger. Es geht auch mir so, obwohl das wenig sagen will, da ich das Lebensgefühl meiner Knabenjahre im Grund stets beibehalten habe und mein Erwachsensein und Altern immer als eine Art Komödie empfand.

PLATON
Der Staat

Auch ich, sprach ich, o Kephalos, pflege sehr gern Gespräch mit Alten. Denn mich dünkt, da sie ja einen Weg
vorausgegangen sind, den auch wir vielleicht werden zu
gehen haben, müssen wir von ihnen erforschen, wie er
doch beschaffen ist, ob rauh und beschwerlich oder leicht
und bequem. Und so hörte ich auch von dir gern, wie
dir wohl dieses erscheint, da du doch jetzt in den Jahren
bist, von denen die Dichter das an der Schwelle des Alters
brauchen, ob auch schwer zu leben oder was du darüber
aussagest. – Ich will dir, sprach er, beim Zeus wohl sagen,
o Sokrates, wie es mir vorkommt. Denn öfters kommen
unserer einige von fast gleichem Alter zusammen, um das
alte Sprichwort bei Ehren zu erhalten. Die meisten von
uns nun jammern, wenn wir beisammen sind, indem sie
der Vergnügungen der Jugend sehnsüchtig gedenken, der
Liebeslust und des Trunks und der Gastmähler und was
damit noch sonst zusammenhängt, und sind verdrießlich,
als ob sie nun großer Dinge beraubt wären, und damals
zwar herrlich gelebt hätten, nun aber kaum noch lebten.
Einige beschweren sich auch über die üblen Behandlun-
gen des Alters von seiten der Angehörigen und stimmen
aus diesem Ton vorzüglich ihre Klagelieder an, wie vieler
Übel Ursache es ihnen ist. Mich aber dünkt o Sokrates,
daß diese nicht das Schuldige beschuldigen; denn wenn
dieses Schuld daran wäre, so würde mir ja eben dasselbe
begegnen von meines Alters wegen, und ebenso den übri-
gen insgesamt, so viele ihr Alter bis hierher gebracht haben. Nun aber habe ich doch auch schon andere angetrof-

fen, mit denen es nicht so stand, und bei dem Dichter Sophokles war ich einmal eben als er von einem gefragt wurde, Wie steht es doch, Sophokles, um die Liebeslust? kannst du wohl noch einer Frau beiwohnen? Der sprach, stille doch, lieber Mensch! wie gern bin ich davon losgekommen, als käme ich von einem tollen und wilden Herrn los. Die Rede gefiel mir schon damals sehr, und auch jetzt noch nicht minder. Denn auf alle Weise hat man vor dergleichen im Alter große Ruhe und Freiheit. Und wenn die Begierden aufgehört haben zu treiben und nun nachlassen: so ist das auf alle Weise, wie es Sophokles ausdrückt, man wird gar vieler und toller Gebieter erlediget. Aber die Klagen hierüber sowohl als über die Angehörigen haben einerlei Ursache; nicht das Alter, o Sokrates, sondern die Sinnesart der Menschen. Denn wenn sie gefaßt sind und gefällig, so sind auch des Alters Mühseligkeiten nur mäßig: wenn aber nicht, o Sokrates, einem solchen wird Alter sowohl als Jugend schwer durchzumachen.

ARTHUR SCHOPENHAUER
Text und Kommentar

Die ersten vierzig Jahre unseres Lebens liefern den Text, die folgenden dreißig sind Kommentar dazu, der uns den wahren Sinn und Zusammenhang des Textes, nebst der Moral und allen Feinheiten desselben, erst recht verstehen läßt.

ERICH KÄSTNER
Der Dezember

Das Jahr ward alt. Hat dünne Haar.
Ist gar nicht sehr gesund.
Kennt seinen letzten Tag, das Jahr.
Kennt gar die letzte Stund.

Ist viel geschehn. Ward viel versäumt.
Ruht beides unterm Schnee.
Weiß liegt die Welt, wie hingeträumt.
Und Wehmut tut halt weh.

Noch wächst der Mond. Noch schmilzt er hin.
Nichts bleibt. Und nichts vergeht.
Ist alles Wahn. Hat alles Sinn.
Nützt nichts, daß man's versteht.

Und wieder stapft der Nikolaus durch jeden Kinder-
traum.
Und wieder blüht in jedem Haus der goldengrüne Baum.
Warst auch ein Kind. Hast selbst gefühlt, wie hold
                              Christbäume blühn.
Hast nun den Weihnachtsmann gespielt und glaubst nicht
                              mehr an ihn.

Bald trifft das Jahr der zwölfte Schlag.
Dann dröhnt das Erz und spricht:
»Das Jahr kennt seinen letzten Tag,
und du kennst deinen nicht.«

O. V. VIJAYAN

Der Flugplatz

Der Flugplatz war seit langem verlassen, die schadhaften Rollbahnen gaben die darunterliegende schwarze Erde frei. Überall leuchtete der üppig wuchernde indische Goldregen. Nun, da die riesigen Flugzeuge sie nicht mehr aufscheuchten, waren Motten und Käfer an diese Wohnstatt zurückgekehrt wie die winzigen Vögel und Honigsauger, die sich mit ihren Röhrenschnäbeln von Pollen ernähren.

Ich war häufig hier gewesen, als der Flugplatz noch in Betrieb war. Um selbst abzureisen oder jemanden abzuholen oder zu verabschieden. Ich war jung damals und hatte Freude am Reisen. Doch mit den Jahren wurde ich abgeklärter und wohl auch etwas müder, bis meine Reisen zum Schluß nur noch in der Erinnerung stattfanden. Irgendwann in dieser Zeit kehrte ich auf den von Goldregen überwucherten Flugplatz zurück, Ich fand den Ort erholsam und suchte ihn jeden Abend auf um auf den geborstenen Stufen über dem Asphalt zu sitzen und die milde Wärme des Verfalls zu genießen. Eines Abends spürte ich, daß ich nicht allein war, und sah, als ich aufschaute, einen alten Mann auf der Stufe über mir. Wir wechselten kein Wort, weder an diesem Abend noch am nächsten. Dennoch saßen wir beide jeden Abend schweigend da, jeder auf seinem Platz. Wir waren die einzigen Menschen dort, und ich betrachtete unsere Privatsphäre als unverletzbar.

Eines Tages stieß ein großer Falke auf einen Honigsauger hernieder, der in den Blüten des Goldregens sirrte, und trug ihn davon.

Der alte Mann brach das Schweigen.

»Vögel sind auch nicht besser als Flugzeuge.«

»Aber Flugzeuge spenden uns nicht den gleichen Trost wie Vögel«, wandte ich ein.

Der alte Mann wurde nachdenklich. »Da bin ich mir nicht so sicher«, sagte er. »Vielleicht werden in künftigen Zeiten Flugzeuge hier landen, die zwitschern und gurren wie Vögel und die uns ein Trost sind.«

Ich war verblüfft. »Aber es ist doch gar kein Flugplatz mehr. Nur noch ein Trümmerfeld.«

»Ich habe das Warten noch nicht aufgegeben.«

»Aber wo sollen Ihre Flugzeuge denn landen?«

Der alte Mann schien mich wegen meines Unverstandes zu bemitleiden. »Zwischen den Sträuchern hier«, sagte er. »Wo denn sonst?«

Damit endete unsere erste Unterhaltung. Wir versanken wieder in Schweigen, und als die Schatten der Dämmerung dunkler wurden, erhoben wir uns, und jeder ging seiner Wege durch die von Glühwürmchen beleuchteten Gräser.

An einem anderen Tag sagte der alte Mann: »Sie sind gestern nicht gekommen. Ich war allein.«

»Haben Sie mich vermißt?«

»Eigentlich nicht. Die Einsamkeit hat mir sogar geholfen. Ich habe ihn gesehen.«

»Wen gesehen?«

Nach einer langen Pause sagte der alte Mann zögernd: »Versuchen Sie einmal, meine Einsamkeit zu erfahren.«

Nicht meine Einsamkeit, sondern seine! Ich ließ seine Worte als die rätselhaften Gedanken eines alten Mannes durchgehen. An einem anderen Abend sagte er jedoch:

»Sie wissen nicht, worauf ich warte. Ich werde es Ihnen sagen, wenn Sie versuchen, meinen Kummer zu verstehen.«

»Ich werde es versuchen«, sagte ich.

»Von diesem Flugplatz ist mein Sohn abgeflogen. Ich komme hierher und hoffe, ihn noch einmal zu sehen.«

Ich war verblüfft, denn der Flugplatz lag ja in Trümmern und weder Flugzeuge noch Reisende würden ihn je wieder benutzen. Ich wollte den Alten so behutsam wie möglich von seinem Hirngespinst abbringen, aber er hatte wohl beschlossen, an diesem Abend nicht mehr davon zu sprechen. In den folgenden Tagen ließ ich den verfallenen Flughafen links liegen. Als ich wieder hinging, war auch der alte Mann dort. »Gestern habe ich ihn gesehen«, sagte er.

»Sie meinen, er ist tatsächlich zu diesem Flugplatz zurückgekommen?«

Nach seinem üblichen Schweigen sagte der alte Mann: »Vielleicht war es nicht seine Ankunft, sondern seine Abreise. Es spielte keine Rolle.«

Dies sei mir zu rätselhaft, erwiderte ich. Zögernd wie immer erklärte er: »Ankunft und Abreise sind Illusion. Die einzige Wahrheit ist die Trennung.«

Ich glaube, ich deutete beiläufig an, daß er alten Erinnerungen nachhinge. Er berichtigte mich streng. »Ich träume nicht, sondern ich erlebe die Wahrheit der Reise, dieser Reise, die jeden von uns mit sich zieht.«

Seine Augen waren feucht, als er fortfuhr. »Ich habe ihn gesehen, wie er fröhlich und mit seinem Gepäck beladen diese Halle betrat. Ich habe gesehen, wie er am Schalter seinen Flugschein vorzeigte und zum Security Check weiterging. Ich habe ihn gesehen und seine Stimme gehört.«

Ich wußte, meine Frage war absurd, dennoch stellte ich sie. »Haben Sie mit Ihrem Sohn gesprochen?«

»Wie konnte ich das? Wo ich doch schon das Glück hatte, seine Stimme und sein Lachen zu hören. Allein dafür war ich dankbar, denn die Zeit hatte uns getrennt.«

»Hat Sie das nicht traurig gestimmt?«

»Doch. Aber wer ist wessen Kind, wessen Vater? Wir begegnen uns auf dieser Reise, wir lieben und wir trauern. Das ist unser Schicksal, diese Reise und das Zwielicht, in dem wir warten.«

Die Dämmerung senkte sich über den Flugplatz, und die Pollenfresser und Honigsauger suchten ihren Nachtplatz auf. Die Insekten klammerten sich zum Schlafen an die Halme der Pflanzen, während das Nachglühen des Sonnenuntergangs die Wolken in Safran tauchte. Das Gras zu unseren Füßen war feucht vom Tau.

»Es wird spät«, sagte ich. »Lassen Sie uns gehen!«

Wir erhoben uns von unseren Stufen und durchquerten die Halle. Am Ausgang blieb der alte Mann plötzlich stehen und hob die Hand.

»Ich glaube, eins von den Telefonen hat geklingelt«, meinte er.

»Das haben Sie sich sicher eingebildet«, sagte ich, denn die Telefone waren natürlich tot. Staubschichten und Spinnweben bedeckten sie, und ihre Kabel waren zerfressen. Dennoch ging der alte Mann in die Halle zurück und hob einen Hörer ab. Er hielt ihn sich eine Weile ans Ohr und reichte ihn dann an mich weiter. »Hören Sie.«

Ich lauschte. Der Apparat war tot.

Er nahm den Hörer wieder entgegen und lauschte abermals. Anspannung zeigte sich auf seinem Gesicht. »O Gott!«, rief er. »Sie haben bei Anchorage ein Flugzeug abgeschossen, o Gott.«

Ich riß den Hörer an mich und preßte ihn mir ans Ohr. Jetzt ertönte eine ferne Stimme in der Hörmuschel. »Raghavettan, ich bin's, Ramani.«

»Hallo! Hallo!« schrie ich. »Wer sind Sie, Ramani?«

Ich glaube nicht, daß meine Stimme die andere Seite erreichte. Ramanis Stimme klang gebrochen vom Weinen. »Raghavettan, sie haben das Flugzeug abgeschossen. Unser Unni ist tot.«

Mein Verstand sagte mir, glaube dieser Stimme nicht, dennoch ergriff mich das Leid darin. Diese Stimme, die aus dem Nichts kam, übermittelte die Nachricht vom Tod eines Kindes. Ich wandte mich an den alten Mann. »Wer ist Ramani? Und wer ist Raghavan?«

»Ich weiß es nicht.«

Der alte Mann legte seine Hand auf meine Schulter. »Wir werden es nie erfahren. Dies ist die Reise, die Ferne.«

Ich versuchte, mir einen Reim darauf zu machen, aber vergeblich. Ramani war vielleicht Raghavettans Schwester, die mit ihrem Mann in Detroit oder Minneapolis lebte. Ihr Sohn Unni war tot. Und nun reiste Ramanis Kummer durch die verdorrten Kabel und suchte in den Trümmern des Flugplatzes nach ihrem Bruder. Ich mußte mit ihr sprechen. »Ramani! Ramani!« schrie ich in die Muschel. »Können Sie mich hören?«

Vom anderen Ende drang kein Laut, dennoch sagte ich: »Gottes Friede sei mit Unni. Möge Gott Sie beschützen.«

Wissend und mit der Gelassenheit des Alters nahm der

alte Mann meine Hand und führte mich nach draußen. Wir waren schon an der Tür, als ich das große Muttermal auf seiner Wange bemerkte. Seltsam, daß es mir nicht schon vorher aufgefallen war. Ich blieb stehen und betrachtete es.

»Mein Vater hatte auch so ein Muttermal«, sagte ich. »Auf seiner Wange.«

»Ach ja?«

»Nicht nur das, erst jetzt merke ich, welch große Ähnlichkeit Sie mit meinem Vater haben.«

»Wirklich? Solche Zufälle gibt es. Lassen Sie uns gehen.« Wir traten hinaus auf die Wiese in das Leuchten der Glühwürmchen und gingen unserer Wege.

Am nächsten Tag hielt mich ein Sturm vom Flugplatz fern. Am Tag darauf sah ich den alten Mann dort nicht mehr. Mir war nun, als hätte ich tatsächlich begonnen, seine Einsamkeit zu empfinden. Ich setzte mich auf die geborstenen Stufen und legte meine Füße auf den feuchten Teppich aus Gras. Die Pollenfresser und Honigsauger waren im Sturm umgekommen. Ihre im Goldregen hängenden Nester waren davongeweht worden. Vom baufälligen Dach glaubte ich das Gezwitscher von Spatzen zu hören. Ich ging in die Halle, um sie zu suchen, sah aber nichts. Statt dessen hörte ich das fröhliche Geplauder eines Reisenden und sein Lachen.

Gott, gib mir die Kraft, dies zu beschreiben. Ich sah eine meiner eigenen Reisen, sah mein eigenes jugendliches Selbst, einen erwartungsfrohen Reisenden, voll von optimistischem Abenteuergeist. Von Entsetzen gepackt und unfähig, diesen Anblick zu ertragen, wandte ich mich ab und lief davon. Als ich auf einer der Toiletten Zuflucht suchte, erblickte ich in einem trüben, fleckigen Spiegel mein Gesicht. Es war ein altes Gesicht geworden, und auf der linken Wange war ein Muttermal, das Mal des alten Mannes, das Mal meines Vaters. In der Hoffnung, es handele sich um ein Trugbild, das ich fortwaschen könnte, drehte ich den Wasserhahn auf, obwohl ich wußte, daß die Leitungen längst versiegt waren. Doch aus dem abgestellten Hahn kam ein Wasserstrahl. Ich fing das Wasser in meinen hohlen Händen auf und trank ehrerbietig davon, statt mein Gesicht zu waschen. Ich war sicher, daß die wunderbare Quelle der Strom der Ganga war, das heilige Wasser des wandernden Pilgers.

Eine große Müdigkeit überkam mich. Wenn ich den Geräuschen in der Halle lauschte, hörte ich noch immer mein jugendliches Geplauder. Die Stimme verwandelte sich in die meines Sohnes und dann in die meines Vaters. Ankunft und Abreise überschnitten sich, meine, die meines Sohnes und die meines Vaters. Abermals streckte ich meine schwachen Hände aus, um das magische Wasser zu schöpfen.

Ich spähte durch die gesprungenen Fenster. In der vergehenden Dämmerung sah ich sie über dem Flugplatz schweben: weiche lind geräuschlose Luftschiffe, fliegende Schiffe ohne Überheblichkeit und Macht, wie ein Dankgebet. Die Flugzeuge des alten Mannes! Sanft schwebten sie hernieder und landeten zwischen dem gelbgrünen Goldregen.

Nan-quan

Als Nan-quan siebenundachtzigjährig im Sterben lag, fragte ihn der Mönch vom ersten Sitz: »Was wird aus Euch in hundert Jahren wohl geworden sein?«

»Ein Wasserbüffel am Fuß dieses Berges«, gab Nan-quan zur Antwort.

»Darf ich Euch dorthin folgen?«, fragte der Mönch weiter.

»Wenn du das tun willst, musst du ein Grasbüschel in deinem Maul halten!«

LIN YUTANG

Leben und Tod

Gespräch von vier Freunden über Leben und Tod. Vier Männer, Tsesze, Tseyü, Tseli und Tselai, führten miteinander ein Gespräch und sagten: »Wer das Nicht-Sein zum Haupt, das Leben zum Rückgrat und den Tod zum Schwanz machen kann, und wer begreift, daß Tod, Leben, Sein und Nichtsein eines sind, kann in unseren Freundeskreis aufgenommen werden.« Die vier sahen einander lächelnd an, verstanden einander zutiefst und wurden Freunde.

Einige Zeit später erkrankte Tseyü, und Tsesze kam ihn besuchen. »Der Schöpfer ist wahrlich groß«, sagte der Kranke. »Seht, wie er mich gefaltet hat!« Sein Rücken war so stark gebeugt, daß seine Eingeweide verkehrt lagen, sein Kinn lag in seinem Nabel vergraben, und seine

Schultern waren höher als sein Kopf: Sein Halswirbel ragte gen Himmel. Das ganze Gefüge seines Organismus war gestört, aber sein Geist blieb völlig gelassen. Er schleppte sich zu einem Brunnen und sagte: »Oh, daß mich Gott so zusammengefaltet hat!«

»Ist dir das unlieb?« fragte Tsesze.

»O nein, warum auch?« erwiderte Tseyü. »Wenn mein linker Arm ein Hahn würde, wäre ich imstande, damit den Morgen zu verkünden. Wenn mein rechter Arm eine Schleuder würde, könnte ich damit einen Vogel schießen und braten. Wenn mein Gesäß ein Räderpaar und mein Geist ein Pferd würde, könnte ich auf ihnen herumfahren – wozu würde ich dann einen Wagen brauchen? Ich trat ins Leben, weil meine Zeit gekommen war, und verlasse es nun nach dem natürlichen Ablauf der Dinge. Da ich mit dem Kommen der Dinge zu ihrer Zeit zufrieden bin und im Einklang mit dem Tao lebe, berühren mich Freude und Trauer nicht. Das ist, wie die Alten sagten: aus der Knechtschaft befreit sein.«

Nach einiger Zeit wurde Tselai krank und lag, nach Atem ringend, da, während seine Familie ihn weinend umstand. Tseli kam ihn besuchen und rief seiner Frau und den Kindern zu: »Geht weg! Ihr behindert nur seine Auflösung!« Dann sprach er, an die Tür gelehnt: »Wahrlich, Gott ist groß. Was wird er wohl jetzt an dir machen? Wohin wird er dich senden? Glaubst du, daß er aus dir eine Rattenleber oder ein Insektenbein machen wird?«

»Ein Sohn«, antwortete Tselai, »muß dort hingehen, wohin ihn die Eltern schicken, nach Osten, Westen, Norden oder Süden. Yin und Yang sind nun nichts anderes

als Eltern. Wenn das Yin und das Yang von mir wollen,
daß ich rasch sterbe, und ich säumig bin, ist das meine
und nicht ihre Schuld. Das Große (All) gibt mir diese Gestalt, diese Arbeit in meinen Mannesjahren, dieses Aus-
rasten im Alter, diese Ruhe im Tode. Gewiß ist der, der
mir im Leben ein so gütiger Zuteiler war, auch der beste
Zuteiler meines Todes.«

»Stelle dir nur vor, das geschmolzene Erz in einem
Schmelzkessel würde aufschäumen und sprechen: ›Mach
aus mir ein Moyeh!‹ [ein berühmtes Schwert]. Der Gie-
ßermeister würde dieses Erz als unheimlich zurückweisen. Und wenn ich, bloß weil ich in Menschengestalt ge-
gossen wurde, sprechen wollte: ›Wie, nur ein Mensch?
Bloß ein Mensch?‹, würde der Schöpfer mich als unheimlich zurückweisen. Wenn ich das All als Schmelzkessel
und den Schöpfer als Gießmeister betrachte, wie könnte
ich mir da Sorgen machen, wohin ich geschickt werde?«

Dann sank er in einen friedlichen Schlummer und erwachte springlebendig.

Der alte Zhao-zhou

EINE ZENGESCHICHTE

Seine Brauen – ein Uferstreifen quer vor Schnee,
Seine Augen – ein Strom, der den Herbst umfängt,
Sein Mund – ein Meer, das Wellen schlägt,
Seine Zunge – ein Schiff, das die Strömung zügelt –
Ein Sachverständiger, Verwirrung zu zerstreuen,
Einer, der Maßregeln für den Großen Frieden trifft:
Der alte Zhao-zhou! Der alte Zhao-zhou!

Unruhe in den Zen-Klöstern zu stiften – noch im hohen
Alter hört er nicht damit auf!

STENDHAL
Rückblick des Fünfzigjährigen

Heute morgen, am 16. Oktober 1832, war ich in San Pietro in Montorio auf dem Janiculus in Rom. Die Sonne
schien prächtig. Ein leichter, kaum merkbarer Scirocco
wehte ein paar weiße Wölkchen über die Albaner Berge
hin. Köstliche Wärme lag in der Luft. Ich genoß mein Leben. Deutlich erkannte ich die vier Miglien entfernten
Orte Castel Gandolfo und Frascati mit der Villa Aldo-
brandini, in der sich Domenichinos herrliche Judith-Fres-
ke befindet. Deutlich sah ich die weiße Mauer der letzten
Neubauten des Fürsten Francesco Borghese, desselben,
den ich bei Wagram als Oberst eines Kürassierregiments
gesehen habe. Weiterhin erblicke ich die Felskuppe von
Palestrina und das weiße Haus von Castel San Pietro, dessen frühere Festung. Unter der Mauer, an die ich mich leh-
ne, stehen die hohen Orangenbäume des Kapuzinergar-
tens. Weiterhin sehe ich den Tiber und die Maltheservilla,
etwas weiter rechts dahinter das Grabmal der Cäcilia Me-
tella, San Paolo fuori und die Cestiuspyramide. Mir gegenüber Santa Maria Maggiore und die lange Linie des
Quirinalspalastes. Das ganze alte und neue Rom von der
alten Via Appia mit den Ruinen ihrer Grabmäler und Aquä-
dukte bis zu dem herrlichen Garten auf dem Pincio, einer
Schöpfung der Franzosen, entfaltet sich vor meinen Blik-
ken.

Dieser Ort ist einzig in der Welt, sagte ich mir traumverloren, und unwillkürlich zog ich das alte Rom dem neuen vor; alle Erinnerungen an Titus Livius wurden in mir wach. Auf dem Albanerberg, zur Linken des Klosters, erkannte ich das Hannibalslager.

Welch prachtvoller Blick! Hier also hat man Raffaels »Verklärung« zweiundeinhalbes Jahrhundert lang bewundert. Welch ein Unterschied gegen die düstere graue Marmorgalerie im Vatikan, in der sie heute begraben ist! Zweihundertundfünfzig Jahre lang war dies Meisterwerk hier, zweihundertundfünfzig Jahre! ... Ach, in drei Monaten werde ich fünfzig Jahre alt! Ist's möglich? 1783 ... 1793 ... 1803 ... ich zähle es mir an den Fingern ab ... und 1833 fünfzig! Ist's möglich? Fünfzig? Bald bin ich in den Fünfzigern und kann mit Grétry singen:

»Ist man erst fünfzig Jahre alt.«

Diese unverhoffte Entdeckung regt mich keineswegs auf. Ich war bei Hannibal und den Römern. Größere als ich sind gestorben! ... Alles in allem, sagte ich mir, habe ich mein Leben nicht schlecht angewendet. Angewendet? Nun, das heißt, der Zufall hat mir nicht allzuviel Unglück beschert. Denn fürwahr: Habe ich selbst irgendwie planvoll gelebt?

Wie hätte ich mich sonst in Fräulein von Griesheim verliebt? Was konnte ich von einem Edelfräulein erhoffen, der Tochter eines Generals, der zwei Monate vorher, nach der Schlacht bei Jena, den Dienst quittiert hatte! Brichaud hatte ganz recht, als er mir mit gewohnter Bosheit sagte: »Wenn man eine Frau liebt, so fragt man sich: ›Was will ich von ihr?‹«

Ich habe mich auf die Stufen von San Pietro gesetzt und

da ein bis zwei Stunden dem Gedanken nachgehangen: Ich werde bald fünfzig Jahre alt; es wäre wohl Zeit, mich kennen zu lernen. Was war ich? Was bin ich? Fürwahr, ich wäre sehr in Verlegenheit, es zu sagen.

Ich gelte für einen sehr geistreichen und fühllosen Mann, selbst für einen Roué, und doch sehe ich, daß ich immerfort unglücklich geliebt habe. Wahnsinnig geliebt habe ich Fräulein Kably, Fräulein von Griesheim, Frau von Diphortz, Mathilde, und keine von ihnen habe ich besessen. Mehrere dieser Liebschaften haben drei bis vier Jahre gedauert. Mathilde hat in den Jahren 1818 bis 1824 mein ganzes Dasein erfüllt. Und ich bin noch nicht von ihr geheilt, muß ich hinzufügen, nachdem ich über eine Viertelstunde von ihr geträumt habe. Hat sie mich je geliebt?

Ich war gerührt, begeistert, in frommer Stimmung. Und Menta – welchen Kummer hat sie mir nicht bereitet, als sie mich verließ. Mich schaudert bei dem Gedanken an den 15. September 1826 in San Remo nach meiner Rückkehr aus England. Was für ein Jahr habe ich vom 15. September 1826 bis zum 15. September 1827 durchlebt! An diesem furchtbaren Jahrestage war ich auf der Insel Ischia. Ich fühlte eine merkliche Besserung. Statt unmittelbar an mein Unglück zu denken, wie ein paar Monate vorher, schwebte mir nur noch die Erinnerung an den unseligen Zustand vor, in dem ich zum Beispiel im Oktober 1826 war. Diese Beobachtung war mir ein großer Trost.

Was war ich also? Ich werde es nie wissen. Welchen noch so scharfblickenden Freund könnte ich befragen? Selbst di Fiore könnte mir keine Auskunft geben. Welchem Freunde habe ich je etwas über meinen Liebeskummer gesagt?

Und das Sonderbarste und Unglücklichste war – so sagte ich mir heute morgen –, daß meine Siege (so nannte ich es damals, den Kopf voll militärischer Anschauungen) mir nicht halb soviel Genuß bereitet haben, wie meine Niederlagen mich grämten.

Die Freude an dem erstaunlichen Sieg über Menta war nur ein Hundertstel so groß als das Leid, das sie mir angetan hat, als sie mich um Herrn v. Bospiers willen verließ.

War ich also von schwermütigem Charakter?

Da ich darauf keine Antwort wußte, begann ich unbewußt wieder den herrlichen Anblick der Ruinen Roms und seiner jetzigen Größe zu genießen. Mir gegenüber ragt das Kolosseum, und mir zu Füßen liegt der Palazzo Farnese mit seinen schönen offenen Bogenstellungen, dicht unter mir der Palazzo Corsini.

War ich geistreich? War ich zu irgend etwas befähigt? Graf Daru sagte, ich sei unwissend wie ein Karpfen. Ja, aber dies Wort hat mir Mareste hinterbracht, und der grämliche alte Generalsekretär beneidete mich um meinen fröhlichen Charakter. Aber war ich von fröhlichem Charakter?

Kurz, ich bin erst vom Janiculus herabgestiegen, als der leichte Abendnebel mich vor der plötzlichen, sehr unangenehmen und ungesunden Kälte warnte, die hierzulande unmittelbar auf den Sonnenuntergang folgt. Ich kehrte schleunigst in den Palazzo Conti auf der Piazza Minerva zurück. Ich war matt. Ich trug Beinkleider aus weißer englischer Baumwolle. Innen auf den Gürtel habe ich geschrieben: »16. Oktober 1832: Je vais avoir la cinquantaine« (bald werd' ich fünfzig Jahre alt), und zwar, damit es niemand versteht, abgekürzt in: »J. vaisa voir la 5.«

Abends, als ich ziemlich gelangweilt von dem Empfang beim Botschafter heimkehrte, sagte ich mir, ich müsse mein Leben aufschreiben. Wenn das vollbracht ist, in zwei bis drei Jahren, werde ich vielleicht endlich wissen, was ich war: heiter oder schwermütig, geistreich oder dumm, tapfer oder feige, und schließlich alles in allem: glücklich oder unglücklich. Und dies Manuskript kann ich meinem Freunde di Fiore zu lesen geben.

Dieser Gedanke lächelt mir zu. Ja, aber die schreckliche Häufung von Ichs und Michs! Das kann auch den wohlwollendsten Leser verdrießen. Ich und Mich, das wäre – bis auf das Talent – wie bei Herrn von Chateaubriand, dem König der Egotisten:

»Und immer fällst du in das Ich und Mich.«

Ich sage mir diesen Vers jedesmal auf, wenn ich etwas von ihm lese: Man könnte freilich in der dritten Person schreiben: Er tat, er sagte. Ja, aber, wie soll man da die inneren Seelenregungen wiedergeben? Gerade darüber möchte ich di Fiore um Rat fragen.

Ich komme erst am 23. November 1835 zur Fortsetzung. Der Gedanke, my life zu beschreiben, ist mir zuletzt auf meiner Reise nach Ravenna gekommen. Allerdings habe ich ihn seit 1832 recht oft gehegt, aber stets hat mich die furchtbare Schwierigkeit des Ich und Mich abgeschreckt, durch die sich der Autor unleidlich macht, und ich weiß nicht, wie ich sie umgehen soll. Tatsächlich bin ich nichts weniger als sicher, etwas schriftstellerische Begabung zu haben. Ich schreibe manchmal nur sehr gern, das ist alles.

Wenn es eine andere Welt gibt, so werde ich nicht verfehlen, Montesquieu zu besuchen. Sagt er mir: »Armer

Freund, Begabung hatten Sie ganz und gar nicht«, so wird mich das zwar ärgern, aber durchaus nicht überraschen. Ich fühle das oft: welches Auge kann sich selbst sehen? Erst vor drei Jahren habe ich das »Warum« gefunden.

Ich sehe deutlich, daß viele Schriftsteller von großem Rufe unerträglich sind. Was heute über Chateaubriand zu sagen eine Lästerung wäre, wird im Jahre 1880 ein truism (Gemeinplatz) sein. Ich habe mein Urteil über Chateaubriand nie geändert: als sein »Génie du Christianisme« um 1803 erschien, fand ich es lächerlich. Aber die Fehler eines andern herauszufühlen, heißt das, selbst Begabung haben? Ingres ist gegen Gros völlig im Rechte, ebenso Gros gegen Ingres. (Ich wähle zwei Künstler, von denen man im Jahre 1935 vielleicht noch reden wird.)

Diese Überlegung hat mich betreffs dieser Denkwürdigkeiten beruhigt. Angenommen, ich setze dies Manuskript fort und verbrenne es nicht, wenn ich es vollendet habe. Ich vermache es nicht einem Freunde, der fromm werden oder sich einer Partei verkaufen kann, wie der junge Leichtfuß Thomas Moore. Ich vermache es einem Verleger, z. B. Herrn Levavasseur in Paris. Somit bekäme nach meinem Tode ein Verleger einen dicken Band mit meiner abscheulichen Handschrift. Er wird etwas daraus abschreiben lassen und es lesen. Erscheint ihm das Zeug langweilig und spricht niemand mehr von Herrn von Stendhal, so wird er es liegenlassen, und vielleicht wird es nach zweihundert Jahren wieder aufgefunden, wie die Lebensbeschreibung des Benvenuto Cellini.

Druckt er es und das Zeug erscheint langweilig, so wird man nach dreißig Jahren davon reden wie von der Dichtung »Die Schiffahrt« des Spions Esménard, von der bei den Frühstücken beim Grafen Daru im Jahre 1802 so oft die Rede war. Überdies war jener Spion vermutlich Zensor oder Leiter all der Zeitungen, die ihn allwöchentlich in den Himmel hoben. Er war der Salvandy jener Zeit, noch unverschämter, wenn das möglich ist, aber gedankenreicher.

Meine Bekenntnisse werden also dreißig Jahre nach ihrer Drucklegung verschwunden sein, wenn die »Ichs« und »Michs« meine Leser zu sehr verdrießen. Jedenfalls aber werde ich die Freude haben, sie zu schreiben und eine gründliche Gewissensprüfung vorzunehmen. Haben sie zudem Erfolg, so habe ich die Aussicht, im Jahre 1900 von Seelen, die ich liebe, wie Frau Roland und Melanie Guilbert, gelesen zu werden.

Heute, am 24. November 1835, komme ich aus der Sixtinischen Kapelle, wo ich gar keinen Genuß fand, obwohl ich mit einem guten Glase versehen war, um mir die Decke und das Jüngste Gericht von Michelangelo anzusehen. Aber ich habe Nervenschmerzen infolge des unmäßigen Kaffeegenusses, dem ich vorgestern bei der Familie Gaetani gefrönt hatte. Die Schuld trug eine allzu gute Kaffeemaschine, die Don Michelangelo aus London mitgebracht hatte. Solch allzu guter Kaffee ist ein Wechsel auf die Zukunft; man bezahlt das augenblickliche Behagen mit dem künftigen Wohlbefinden. So kehrte denn mein altes Nervenleiden wieder, und ich war in der Sixtinischen Kapelle wie ein Hammel, d. h. ohne Genuß; die Phantasie konnte sich nicht aufschwingen. Ich bewunderte die in Fresko gemalte Brokatdraperie um den Thron, das heißt um den großen päpstlichen Lehnstuhl aus Nußbaumholz. Diese Draperie, die den Namenszug Sixtus IV. trägt, kann man mit der Hand berühren; sie ist zwei Schritt vom Auge entfernt und ruft nach 354 Jahren noch die Illusion von Brokat hervor.

Da ich zu nichts fähig bin, nicht mal zum Schreiben amtlicher Briefe, habe ich mir Feuer anmachen lassen und schreibe diese Blätter – hoffentlich ohne zu lügen, ohne mir etwas vorzumachen, mit Vergnügen, wie einen Freundesbrief. Welche Begriffe wird dieser Freund von 1880 haben? Wie anders als die unsern! Heute ist es eine ungeheure Unklugheit, eine Ungeheuerlichkeit für drei Viertel meiner Bekannten, wenn ich von dem größten Schurken unter den Königen und dem heuchlerischen Tartaren rede, ohne ihre Namen zu nennen; um 1880 werden diese Bezeichnungen truisms (Gemeinplätze) sein.

Das ist etwas Neues für mich: mit Leuten zu reden, deren Geistesbildung, Erziehung, Vorurteile und Religion ich gar nicht kenne! Welch Anreiz, wahr zu sein, schlicht wahr; nur das ist von Dauer. Benvenuto war wahr; man liest ihn mit Genuß, als hätte er gestern geschrieben, wogegen man die Memoiren des Jesuiten Marmontel kaum noch durchblättert. Und doch hat er als echter Akademiker alle erdenkliche Vorsicht angewandt, um nicht zu mißfallen. Ich mochte sie in Livorno nicht mal zu einem Franken den Band kaufen, ich, der ich solche Art von Büchern doch so hoch schätze!

Aber wieviel Vorsicht ist nötig, um nicht zu lügen? So steht zu Beginn des ersten Kapitels etwas, das wie Prahlerei aussehen kann. Nein, lieber Leser, ich war 1809 bei Wagram nicht Soldat.

Du mußt wissen, daß es fünfundvierzig Jahre vor dir Mode war, Soldat unter Napoleon gewesen zu sein. Es ist also heute, 1835, eine durchaus der Aufzeichnung würdige Lüge, wenn man mittelbar und ohne direkte Lüge (jesuitico more) zu verstehen gibt, man sei bei Wagram Soldat gewesen.

Tatsächlich war ich Wachtmeister und Leutnant bei den 6. Dragonern, als dies Regiment, ich glaube im Mai 1800, in Italien einrückte, und ich habe meinen Abschied in der kurzen Friedenszeit von 1802 genommen. Meine Kameraden widerten mich an, und ich fand nichts so süß, als in Paris als »Philosoph« zu leben. Das war das Wort, das ich damals mir selbst gegenüber gebrauchte, bei einer väterlichen Zulage von 150 Franken monatlich. Ich hoffte, nach meines Vaters Tode das Doppelte oder Vierfache zu haben; bei meinem damaligen brennenden Wissensdurst war das mehr als genug.

Ich bin nicht Oberst geworden, wie ich es bei der mächtigen Protektion meines Vetters, des Grafen Daru, hätte werden können, aber ich glaube, ich bin glücklicher geworden. Bald dachte ich nicht mehr daran, Turenne zu studieren und ihn nachzuahmen, was mein Ziel während meiner dreijährigen Dienstzeit als Dragoner gewesen war. Bisweilen wurde dies Ziel durch ein andres verdrängt: Komödien wie Moliere zu schreiben und mit einer Schauspielerin zu leben. Schon damals hatte ich einen tödlichen Widerwillen gegen anständige Frauen und die von ihnen unzertrennliche Heuchelei. Meine grenzenlose Faulheit trug den Sieg davon; sobald ich in Paris war, machte ich sechs Monate lang meinen Verwandten (den Darus, Frau Le Brun, Frau de Baure) keinen Besuch; ich verschob es immer auf den nächsten Tag. So verbrachte ich zwei Jahre im fünften Stock eines Hauses der Rue d'Angiviller mit schöner Aussicht auf die Kolonnaden des Louvre und las La Bruyère, Montaigne und J. J. Rousseau, dessen hochtrabender Stil mich jedoch verdroß. Dort formte sich mein Charakter. Ich las auch oft die Trauerspiele Alfieris und zwang mich, sie schön zu finden; ich verehrte Cabanis, de Tracy und J. B. Say. Ich las oft Cabanis, dessen unklarer Stil mich in Verzweiflung brachte. Ich lebte einsam und närrisch wie ein Spanier, tausend Meilen vom wirklichen Leben. Der gute Pater Jecki, ein Irländer, gab mir englische Stunden, aber ich machte keine Fortschritte; ich war vernarrt in Hamlet.

Also: ich war 1809 bei Wagram nicht Soldat, sondern dem Kriegskommissariat zugeteilt, eine Stellung, die mein Vetter Daru mir verschafft hatte, um mich dem Laster zu entreißen, wie es damals bei meiner Familie hieß. Mein Einsiedlerleben in der Rue d'Angiviller hatte nämlich damit geendet, daß ich ein Jahr lang in Marseille mit einer reizenden Schauspielerin lebte, die eine hohe Seele besaß, und der ich nie einen Groschen gab. Das lag an der großartigen Vernunft meines Vaters, der mir monatlich nur 150 Franken zum Leben gab; außerdem wurde dieser Zuschuß im Jahre 1805 in Marseille sehr unregelmäßig gezahlt.

Doch ich schweife wieder ab. Im Oktober 1806, nach Jena, wurde ich dem Kriegskommissariat zugeteilt, eine Stellung, auf die die Soldaten herabsahen. Am 3. August 1810 wurde ich Auditor im Staatsrat und kurz darauf Generalinspekteur der kaiserlichen Mobilien. Ich stand in Gunst, zwar nicht bei meinem Herrn und Meister, denn Napoleon sprach mit Narren meines Schlages nicht, wohl aber bei dem besten aller Menschen, dem Herzog von Friaul (Duroc). Doch ich komme wieder ab.

Augenblicke

Haben Sie manchmal auch so Augenblicke
Wo Sie Ihre eigene Schrift nicht mehr lesen können
Es fängt meistens ganz anders an
Man fährt irgendwo vorbei
Auto Omnibus Straßenbahn Fahrrad
Egal
Und da steht groß an einer Häuserwand
Als Reklame geschrieben:
Haus der Seide
Und Sie lesen:
Haus der Freude
Nun kann man natürlich nicht alles auf
Sigmund Freud schieben
Der hat ja auch mal gesagt
Daß ein Zeppelin nicht immer ein Symbol sei
Aber so wie es keine einfachen Versprecher gibt
Gibt es auch keine einfachen Verleser
Da steckt ja immer hab ich gelernt
Ein ganz tiefer psychologischer
Verdrängungsmephisto
Ach in jeder Brust
Aber das ist gar nicht schlimm
Wir haben ja alle mal klein angefangen
Und außerdem lese ich doch wenigstens noch etwas
Wenn da steht Ordnungsamt
Und ich lese Oktoberabend
Da lese ich doch wenigstens noch etwas
Also ich schreibe abends etwas in mein Notizbuch

Ich hab so fünf sechs Notizbücher
Weil ich mir alles aufschreiben muß
Ich behalte ja auch nix mehr
Und wenn ich also abends was aufschreibe
Kann ich es am anderen Morgen nicht mehr lesen
Nun hab ich schon gedacht das liegt am Abend
Und hab es morgens aufgeschrieben
Aber da konnte ich es am Abend auch nicht lesen
Und da bin ich natürlich wachsam geworden
Und hab mir gesagt
Alter Junge hab ich mir gesagt
Da stimmt was nicht!
Ich schrieb also abends hin als Beispiel
Mein lieber Freund und Kupferstecher
Und weiß morgens nicht mehr was da steht
Und radebreche und radelese dann immer
Mein siebtes Bein und Buttermesser
Ungelogen
Weiß aber genau daß das nicht stimmt
Daß ich das am Abend nie dahin geschrieben habe
Und da bin ich dann doch zum Arzt und da
Sagt der zu mir:
Das liegt an Ihrer Brille
Na Gott sei Dank Herr Doktor hab ich da gesagt
Ich dachte schon es wären die Augen
Ich hab nämlich drei Gallenkoliken hinter mir
Kann das vielleicht mit der Brille zusammenhängen
Nein sagt er in Wirklichkeit sind es natürlich
Die Augen
Sehen Sie Herr Doktor hab ich da gesagt
So fängt es meistens an

Bei Ihnen auch schon
Sie meinen die Brille sagen aber die Augen
Ich verlese mich Sie versprechen sich
Jetzt sind wir quitt
Danke schön und schicken Sie mir die Rechnung
Das mit der Brille übrigens
Hab ich von meinem Vater geerbt
Weil der nämlich seine Brille nur alle zwei Monate
Putzte
Konnten die Augen natürlich nichts machen
Hätte er sie jeden Tag geputzt
Hätte er gar keine Augen gebraucht
So ist das Leben
Er war übrigens der Erfinder von einigen
Verkehrsschildern
Die immer so auf der Straße rumstehen
Wie zum Beispiel:
Vorsicht – Kinder!
Als er pensioniert war hat er sich noch mal hingesetzt
Mit der Laubsäge hat er sich so Schilder ausgesägt
Und dann die Texte draufgeschrieben
Ich fand das toll und hab ihn auch
Immer dazu animiert
Hab zu ihm gesagt du mußt das machen
Misch dich noch mal ein
Die Gesellschaft braucht dich
Einige Schilder hat er auch ans Verkehrsministerium
Geschickt
Es sind nicht alle genommen worden aber immerhin
Gas weg – Schule
Oder

Pferd weg – Cowboy
Das ist glaube ich genommen worden
Also wenn Sie so ein Schild mal auf der
Autobahn sehen
Das ist von meinem Vater
Fuß weg – Metzger
Mund auf – Arzt
Und
Hut ab – Kirche
Und so weiter
Ich hab mich inzwischen damit abgefunden
Daß ich meine Schrift nicht mehr lesen kann
Vielleicht kann ich eines Tages bei der Spionage
Als Geheimschreiber unterkommen
Mal gucken
Das meiste spreche ich jetzt abends aufs Tonband
Aber ich muß zugeben
Es gibt auch da schon morgens Augenblicke
Wo ich mich nicht mehr hören kann.

MARIE LUISE KASCHNITZ

Abschied vom Lebenden

Ich gehöre nicht zu den Witwen, die jedes Jahr ihre kleine
Reise machen, nach Spanien, nach Kreta, ein bis zwei Flug-
stunden entfernt, in den fremden Städten Sightseeing gehen, im Hotelspeisesaal allein am Tischchen sitzen und
abends noch ein paar Schritte spazieren, ebenfalls allein.
Schon der Gedanke an eine solche Unternehmung löst Pa-
nikstimmung in mir aus, ich sehe mich am winzigen Tisch-

chen sitzen und aufspringen und schreien. Was die Bilder und Plastiken in den Museen betrifft, so mag ich keine mehr sehen, ich weiß, er wäre damit nicht zufrieden. Vielleicht ist mir auch nur der Gedanke entsetzlich, nichts fragen, mich nicht mitteilen zu können. Dabei gibt es doch das Notizbuch, die kleine Elsheimer Landschaft könnte ich beschreiben, könnte versuchen zu sagen, warum sie mich bezaubert, was steht dem entgegen, eine Trägheit, eine Gleichgültigkeit, wozu, wem nützt es, vielleicht nicht einmal mir selbst. A thing of beauty, und ich erinnere mich doch, wie ich nach den Monaten in der häßlichen Wiener Wohnung, dem entsetzlichen Spitalzimmer, beim Heimkommen, das heißt in der ersten Nacht zu Hause, meine Nachttischlampe, diese kleine geriefte Säule mit dem Früchtekranz und den Palmetten mit Entzücken betastet habe. Es gibt Notwendigkeiten, auch solche der Schönheit, ich habe das damals gebraucht, es hat mich getröstet, mit dem unheilbar Kranken im Nebenzimmer und den ewigen unterdrückten Tränen und fast gar keiner Hoffnung mehr.

Der schmale Korridor in der Wiesenau und deine Heimkehr, die ganz gewöhnliche, am Abend, nicht etwa nach Luftangriffen, überstandenen, oder nach Reisen in tieffliegerbeschossenen Zügen, vielmehr am Alltag, Heimkehr aus dem Seminar oder der Bibliothek, aber das genügte, der Schlüssel, der sich in der Wohnungstür drehte, und schon schlug mein Herz schneller, höher wie man so sagt. Küsse und Fragen, wie war es – wie war es, das Stückchen Leben allein oder mit andern, und alles war wichtig, aber das wichtigste ist doch die Umarmung, die erste, zu der ich dir auf dem Korridor entgegenlief, zu der du deine Büchermappe auf den Boden warfst, alle Tage, ja, verrückt, alle Tage. Als hätte uns auch in Friedenszeiten eine schreckliche Gefahr gedroht, Gefahr des Sichverlierens. So kommt es, daß ich auch das Geräusch des sich drehenden Schlüssels noch immer, immer wieder höre und aufspringe und den Korridor hinunterlaufe, meinem vieljährigen Alleinsein zum Trotz.

Die Zeit danach, ich meine nach seinem Tode, dieses erste Jahr allein, ich habe daran keine unangenehmen Erinnerungen, im Gegenteil, ich hatte das Gefühl, von ihm gezogen und geführt, in einem seltsamen Zwischenreich zu leben, in dem es nie ganz hell wurde, aber auch nie kalt, nie stürmisch. Nach zwei Jahren des Entsetzens herrschte eine Art Frieden. Ich hatte einiges zu tun mit der Bereitstellung seiner Manuskripte, noch mehr mit der Wiederaufrichtung seines Bildes aus einunddreißig Ehejahren, Bild des Gesunden, vor das sich immer wieder das andere schob, die schwere Hand auf meinem Arm, die unsicheren Bewegungen, die Stimme, die ihm nicht gehorchte, Sätze formte, die zwar ich verstehen konnte, aber eben nur ich. Dieses Bild mußte weg, und ich schob es beiseite, immer wieder, mit unermeßlicher Anstrengung, versuchte auch seine Stimme, die eigentliche, wieder zu hören, die lebhafte, die liebevolle, die ich vor der Operation zuletzt gehört hatte, was noch schwerer war, als das Bild wiederherzustellen. Eigentlich war ich ja schon seit damals allein, mußte alles entscheiden, hatte nur die cara presenza, die cara esistenza, die unverändert schönen, seelenvollen Augen, konnte auch fragen und bekam unbeholfene Antwort, las ihm vor und merkte, daß er alles verstand. Ich wollte aber das Frühere wiederhaben, wenigstens in der Erinnerung, das war meine Beschäftigung in diesem ersten Witwenjahr, ich warf meine Netze aus. Einiges ließ sich fangen, alles nicht, ich hatte doch auch Angst gehabt, nicht nur um ihn, sondern auch vor ihm, ein paarmal hatte ich ein böses, fast irres Aufblitzen seiner Augen bemerkt, oder eine feindliche Bewegung, und hatte den Tisch wie einen Schutzwall vor mein Bett gezogen in der Nacht. Zwei Jahre gegen einunddreißig Jahre, und der Kampf hörte erst auf, als ich mich treiben ließ, ihm nach, und nichts mehr wollte und nichts mehr versuchte, da ließ er mich frei.

ERICH KÄSTNER

Die Großeltern haben Besuch

Für seine Kinder hat man keine Zeit.
(Man darf erst sitzen, wenn man nicht mehr gehn kann.)
Erst bei den Enkeln ist man dann soweit,
daß man die Kinder ungefähr verstehn kann.

Spielt hübsch mit Sand, und backt euch Sandgebäck!
Ihr seid so fern und trotzdem in der Nähe,
als ob man, über einen Abgrund weg,
in einen fremden bunten Garten sähe.

Spielt brav mit Sand und baut euch Illusionen!
Ihr und wir Alten wissen ja Bescheid:
Man darf sie bauen, aber nicht drin wohnen.
Ach, bleibt so klug, wenn ihr erwachsen seid.

Wir möchten euch auch später noch beschützen.
Denn da ist vieles, was euch dann bedroht.
Doch unser Wunsch wird uns und euch nichts nützen.
Wenn ihr erwachsen seid, dann sind wir tot.

SIMONE DE BEAUVOIR

Der Lauf der Dinge

Wen sehe ich vor mir? Altern heißt, sich über sich selbst klarwerden und sich beschränken. Ich habe mich gegen jeden Zwang zur Wehr gesetzt, habe aber nicht verhindern können, daß die Jahre mich eingekerkert haben. Ich werde noch lange in diesen Wänden wohnen, in denen ich mein Leben verbracht habe. Ich werde alten Freunden treu bleiben. Der Vorrat an Erinnerungen wird, auch wenn er ein wenig zunimmt, erhalten bleiben. Ich habe ganz bestimmte Bücher und keine anderen geschrieben. Dabei finde ich es verwirrend, daß ich der Zukunft entgegengelebt habe, und jetzt rekapituliere ich meine Vergangenheit: Man könnte sagen, die Gegenwart sei mir abhanden gekommen. Jahrelang habe ich geglaubt, daß mein Werk vor mir liege, und plötzlich liegt es nun hinter mir: In keinem Augenblick hat es stattgefunden. Das ähnelt dem, was man in der Mathematik einen Schritt nennt, die Zahl, die in keiner der beiden Serien Platz findet, welche sie voneinander trennt. Ich habe studiert, um eines Tages mein Wissen anzuwenden, habe dann unheimlich viel vergessen, und mit dem, was übriggeblieben ist, weiß ich nichts anzufangen. Wenn ich über die Geschichte meines Lebens nachdenke, befinde ich mich immer diesseits oder jenseits einer nie vollendeten Sache. Nur meine Gefühle habe ich in ihrer ganzen Fülle erlebt.

Immerhin hat der Schriftsteller die Chance, in dem Augenblick, da er schreibt, der Versteinerung zu entgehen. Mit jedem neuen Buch setze ich einen neuen Anfang. Ich zweifle, ich verliere den Mut, die Arbeit vergangener Jahre ist weggewischt, meine Skizzen sind so unbrauchbar, daß es mir unmöglich erscheint, das Vorhaben zu Ende zu führen: bis zu dem Moment, der ungreifbar ist (auch hier haben wir wieder eine Zäsur) – da es unmöglich wird, es nicht zu Ende zu führen. Jede Seite, jede Wendung erfordert einen neuen Einfall, einen beispiellosen Entschluß. Die schöpferische Tätigkeit ist Abenteuer, ist Jugend und Freiheit.

Aber sowie ich den Arbeitstisch verlasse, ballt sich hinter mir die verstrichene Zeit zusammen. Ich muß an andere Dinge denken und stoße plötzlich auf mein Alter. Diese überreife Frau ist meine Zeitgenossin. Ich erkenne dieses Jungmädchengesicht wieder, das auf einer alten Haut haftengeblieben ist. Dieser weißhaarige Herr, der einem meiner Großonkel ähnlich sieht, erinnert mich lächelnd daran, daß wir zusammen im Luxembourg gespielt haben. »Sie erinnern mich an meine Mutter«, sagte eine dreißigjährige Frau zu mir. An allen Ecken springt mir die Wahrheit ins Gesicht, und ich verstehe nicht recht, warum sie es darauf anlegt, mich von außen zu packen, während sie doch in mir steckt.

Das Alter: Von weitem hält man es für eine Institution, aber es sind junge Menschen, die plötzlich alt geworden sind. Eines Tages habe ich mir gesagt: »Ich bin vierzig Jahre alt.« Als ich mich von diesem Staunen erholt hatte,

war ich fünfzig. Die Betroffenheit, die mich damals über-
fiel, hat sich nicht gegeben.

Ich kann es nicht glauben. Wenn ich meinen Namen
gedruckt sehe, erzählt er von einer jungen Frau, und diese
junge Frau bin ich. Oft träume ich nachts, daß ich vier-
undfünfzig Jahre alt bin, daß ich, wenn ich die Augen auf-
schlage, dreißig bin. »Was hatte ich doch für einen fürch-
terlichen Alptraum!« sagt sich dann die im Traum erwa-
chende Frau. Bevor ich in die Wirklichkeit zurückkehre,
setzt sich manchmal ein riesiges Tier auf meine Brust:
»Es ist wahr! Der Alptraum, älter als fünfzig zu sein, ist
die Wahrheit!« Wie kann etwas, das weder Form noch In-
halt hat, wie kann die Zeit mich mit einem so schweren
Gewicht belasten, daß ich keine Luft mehr bekomme?
Wie kann etwas, das nicht existiert, wie die Zukunft, sich
so unbarmherzig errechnen lassen? Mein zweiundsiebzig-
ster Geburtstag liegt mir ebenso nahe wie der Tag der Befreiung.

Um mich davon zu überzeugen, brauche ich mich nur
vor den Spiegel zu stellen. Mit vierzig Jahren überlegte
ich mir eines Tages: »In den Tiefen des Spiegels lauert
das Alter. Und das Verhängnisvolle daran ist, daß es mich
überrumpeln wird.« Es hat mich überrumpelt. Oft halte
ich bestürzt vor diesem unglaublichen Ding inne, das mir
als Gesicht dient. Ich begreife die Castiglione, die alle Spiegel zerschlagen hat. Ich schien mir wenig aus meinem Aussehen zu machen, genauso wie die Leute, die mit Appetit
essen und sich wohlfühlen, ihren Magen vergessen. Solange ich mein Gesicht ohne Mißfallen betrachten konnte, vergaß ich es, es verstand sich von selbst. Jetzt ist alles
vorbei. Ich hasse mein Spiegelbild: über den Augen die

Mütze, unterhalb der Augen die Säcke, das Gesicht zu voll, und um den Mund der traurige Zug, der Falten macht. Die Menschen, die mir begegnen, sehen vielleicht nur eine Fünfzigjährige, die weder gut noch schlecht erhalten ist. Sie hat eben das Alter, das sie hat. Ich aber sehe meinen früheren Kopf, den eine Seuche befallen hat, von der ich nicht mehr genesen werde.

Sie greift auch auf das Herz über. Ich habe die Fähigkeit verloren, das Licht von der Finsternis zu scheiden, mir um den Preis einiger Wirbelstürme einen strahlenden Himmel zu sichern. Meine Revolten sind durch das nahe Ende und die Unvermeidlichkeit des Verfalls gedämpft. Aber auch meine glücklichen Stunden sind blasser geworden. Der Tod ist nicht mehr ein brutales Abenteuer in weiter Ferne, er verfolgt mich in den Schlaf hinein. Beim Erwachen spüre ich seinen Schatten zwischen der Welt und mir: Das Sterben hat schon begonnen. Das hatte ich nicht vorausgesehen – daß es so früh beginnt und daß es so weh tut. Vielleicht wird der Tod nicht allzu schmerzlich sein, nachdem alles mich verlassen hat und das Dasein, auf das ich nicht verzichten wollte, mein Dasein, kein Dasein mehr sein wird, überhaupt nichts mehr sein wird und sich mit Gleichmut wird wegfegen lassen. Eine nach der anderen werden die Bindungen brüchig werden, die mich auf der Erde zurückhalten, eine nach der anderen werden sie zerreißen.

Jetzt ist der Augenblick gekommen, um zu sagen: Nie mehr! Nicht ich trenne mich von meinem früheren Glück, sondern das Glück ist es, das sich von mir trennt. Die Gebirgswege versagen sich meinem Fuß. Ich werde nie mehr trunken vor Müdigkeit in das duftende Heu sinken. Ich

werde nie mehr einsam über den morgendlichen Schnee
gleiten. Nie mehr ein Mann. Jetzt hat meine Phantasie
ebenso entschieden ihren Entschluß gefaßt wie mein Körper. Trotz allem ist es seltsam, keinen Körper mehr zu haben, und es gibt Augenblicke, da dieses bizarre Phäno-
men mir durch seinen endgültigen Charakter das Blut in
den Adern erstarren läßt. Die Gewißheit, daß ich nie mehr
neue Begierden in mir spüren werde, ist noch schmerz-
licher als der Verzicht: In der dünnen Luft, in der ich von
nun an lebe, verwelken sie, noch bevor sie aufblühen. Früher glitten die Tage ohne Hast dahin, ich war schneller
als sie, weil meine Pläne mich fortrissen. Jetzt tragen mich
die allzu kurzen Stunden mit verhängten Zügeln meinem
Grab entgegen. Ich denke nicht gern daran: in zehn Jahren, in einem Jahr. Die Erinnerungen verblassen, die My-
then zerbröckeln, die Pläne ersticken im Keim. Ich bin da,
und die Dinge sind da. Wenn dieses Schweigen von Dauer
ist, wird mir meine kurze Zukunft lang werden!

Und was bringt sie für Gefahren … Das einzig Neue
und Bedeutsame, das mir widerfahren könnte, wäre das
Unglück: daß ich Sartre tot daliegen sehe oder daß ich
vor ihm sterbe. Es ist furchtbar, nicht da zu sein, um jemanden über den Schmerz hinwegtrösten zu können, den
man ihm durch sein Weggehen zugefügt hat. Es ist furchtbar, daß er einen verläßt und schweigt. Wenn ich nicht un-
wahrscheinliches Glück habe, wird mir eines dieser Schick-
sale beschieden sein. Manchmal wünsche ich mir, daß das
Ende bald kommen möge, um diese Angst zu verkürzen.

Manchmal ist mir der Gedanke, mich ins Nichts aufzu-
lösen, genauso abscheulich wie früher. Voller Melancho-
lie denke ich an all die Bücher, die ich gelesen, an all die

Orte, die ich besucht habe, an das Wissen, das sich an-
gehäuft hat und das nicht mehr da sein wird. Die ganze
Musik, die ganze Malerei, die ganze Kultur, so viele Bindungen: plötzlich bleibt nichts mehr. Es ist kein Honig,
niemand kann sich davon ernähren. Wenn man meine Bücher liest, wird der Leser bestenfalls denken: Sie hat aber
viel gesehen! Aber dieses einzigartige Ganze, meine persönlichen Erfahrungen mit ihrer Folgerichtigkeit und ihren Zufällen – die Pekinger Oper, die Stierkampfarenen
von Huelva, der candomble von Bahia, die Dünen von El
Oued, die Wabansia Avenue, die Morgendämmerung der
Provence, Tirynthos, Castro, der zu 500 000 Kubanern
spricht, ein schwefelgelber Himmel über einem Wolken-
meer, die purpurroten Buchen, die weißen Nächte von Le-
ningrad, die Glocken der Befreiung, ein orangefarbener
Mond über dem Piräus, eine rote Sonne, die über der Wüste aufgeht, Torcello, Rom, all die Dinge, von denen ich
erzählt habe, andere, die ich verschwiegen habe – das alles
wird niemals wieder auferstehen. Wenn ich wenigstens
die Erde bereichert, wenn ich etwas geschaffen hätte …
was denn? Einen Hügel? Eine Rakete? Aber nein. Nichts
wird stattgefunden haben. Ich sehe die Haselstrauchhek-
ke vor mir, durch die der Wind fuhr, und höre die Verspre-
chungen, mit denen ich mein Herz berauschte, als ich
diese Goldmine zu meinen Füßen betrachtete, ein ganzes
Leben, das vor mir lag. Sie wurden erfüllt. Aber wenn ich
jetzt einen ungläubigen Blick auf dieses leichtgläubige junge Mädchen werfe, entdecke ich voller Bestürzung, wie
sehr ich geprellt worden bin.

Juni 1960 bis März 1963

THEODOR FONTANE
Summa Summarum!

Eine kleine Stellung, ein kleiner Orden
(Fast wär ich auch mal Hofrat geworden),
Ein bißchen Namen, ein bißchen Ehre,
eine Tochter »geprüft«, ein Sohn im Heere,
Mit siebzig 'ne Jubiläumsfeier,
Artikel im Brockhaus und im Meyer ...
Altpreußischer Durchschnitt, Summa Summarum,
Es drehte sich immer um Lirum Larum
Um Lirum Larum Löffelstiel.
Alles in allem – es war nicht viel.

QUELLENVERZEICHNIS

THOMAS BERNHARD · Mein Urgroßvater war Schmalzhändler, S. 42; aus: Gesammelte Gedichte, hg. v. Volker Bohn. © Suhrkamp Verlag Frankfurt am Main 1991.

SILVIA BOVENSCHEN · Dicke Pferde, S. 122; Eleganz und Jugend, S. 17; aus: Älter werden. © S. Fischer Verlag GmbH, Frankfurt am Main 2006.

BERTOLT BRECHT · Die unwürdige Greisin, S. 126; Wechsel der Dinge, S. 17; aus: Gesammelte Werke in acht Bänden, Bd. IV und V. © Suhrkamp Verlag Frankfurt am Main 1967.

LILY BRETT · Chuzpe, S. 89; aus: Chuzpe. Aus dem Englischen von Melanie Walz. © Suhrkamp Verlag Frankfurt am Main 2007.

WILHELM BUSCH · Dereinst, S. 59; aus: Wilhelm Busch, Sämtliche Werke, hg. v. Rolf Hochhuth, Bd. II. C. Bertelsmann, München 1982.

NOËLLE CHÂTELET · Die Dame in Blau, S. 11; aus: Die Dame in Blau. Titel der Originalausgabe: La dame en bleu © 1996 by Edition Stock. Aus dem Französischen von Uli Wittmann. © 1997, 1999, 2006 by Verlag Kiepenheuer & Witsch GmbH & Co. KG, Köln.
   Die Klatschmohnfrau, S. 118; aus: Die Klatschmohnfrau. Titel der Originalausgabe: La femme Coquelicot © 1996 by Edition Stock, Paris. Aus dem Französischen von Uli Wittmann. © 1999, 2001 by Verlag Kiepenheuer & Witsch GmbH & Co. KG, Köln.

MARCUS TULLIUS CICERO · Über das Alter, S. 105; aus: Cato, der Ältere. Über das Alter, lat.-deut., hg. und übers. v. Max Faltner. München 1963.

SIMONE DE BEAUVOIR · Der Lauf der Dinge, S. 167; aus: Der Lauf der Dinge. Memoiren. Deutsche Übersetzung von Paul Baudisch. Copyright © 1966 by Rowohlt Verlag GmbH, Reinbek bei Hamburg.

JOSEF FREIHERR VON EICHENDORFF · Das Alter, S. 89; aus: Sämtliche Gedichte und Versepen, hg. v. Hartwig Schultz. Insel Verlag Frankfurt am Main und Leipzig 2001.

THEODOR FONTANE · Von Dreißig bis Achtzig, S. 39; aus: Theodor Fontane. Von Dreißig bis Achtzig. Sein Leben in seinen Briefen, hg. v. H. H. Reuter, Nymphenburger Verlagsbuchhandlung, München.
    Summa summarum, S. 173; aus: Gedichte, Bd. 2, hg. v. Joachim Krueger und Anita Golz, Aufbau Verlag Berlin 1995.

ROBERT GERNHARDT · Ein Malermärchen, S. 101; aus: Über alles. © Robert Gernhardt 1994. Alle Rechte vorbehalten S. Fischer Verlag GmbH, Frankfurt am Main.

JOHANN WOLFGANG GOETHE · Faust, S. 29; aus: Faust II, Akt V, hg. v. Albrecht Schöne. Insel Verlag Frankfurt am Main und Leipzig 2003.
    Vermächtnis, S. 65; aus: Das Leben, es ist gut, hg. v. Siegfried Unseld. Insel Verlag Frankfurt am Main und Leipzig 2001.

JOHANN PETER HEBEL · Hohes Alter, S. 88; aus: Schatzkästlein des rheinischen Hausfreundes, hg. v. Jan Knopf. Insel Verlag Frankfurt am Main 1984.

HEINRICH HEINE · Rückschau, S. 99; aus: Ich liebe doch das Leben, hg. v. Joseph A. Kruse. Insel Verlag Frankfurt am Main und Leipzig 1997.

HERMANN HESSE · Das unendliche Netz, S. 41; Wert des Alters, S. 66; Die Reife, S. 136; aus: Mit der Reife wird man immer jünger, hg. v. Volker Michels. © Insel Verlag Frankfurt am Main und Leipzig 1990.
    Brief, S. 125; aus: Lektüre für Minuten, hg. v. Volker Michels. © Suhrkamp Verlag Frankfurt am Main 1972.

DIETER HILDEBRANDT · Guten Morgen, Alter!, S. 55; aus: Gedächtnis auf Rädern. © 1997 Karl Blessing Verlag, München, in der Verlagsgruppe Random House GmbH.

HANNS DIETER HÜSCH · Augenblicke, S. 160; aus: Du kommst auch drin vor. Gedanken eines fahrenden Poeten. Klartext Verlagsgesellschaft mbH, Essen 2007. Abdruck mit freundlicher Genehmigung von Christine Rasche-Hüsch.

MARIE LUISE KASCHNITZ · Abschied vom Lebenden, S. 163; aus: Orte. © Insel Verlag Frankfurt am Main 1982.

ERICH KÄSTNER · Die Großeltern haben Besuch, S. 166; Der Dezember, S. 139; und Existenz im Wiederholungsfalle, S. 115; aus: Gedichte. © Atrium Verlag Zürich und Thomas Kästner.

HIROMI KAWAKAMI · Batterien im Mondschein, S. 18; aus: Der Himmel ist blau, die Erde ist weiß. Eine Liebesgeschichte. Aus dem Japanischen von Ursula Gräfe und Kimiko Nakayama-Ziegler. © 2008 Carl Hanser Verlag München.

KONSTANTINOS KAVAFIS · Ithaka, S. 52; aus: Das Gesamtwerk, hg. und aus dem Griechischen v. Robert Elsie, mit einer Einführung von Marguerite Yourcenar. © Amman Verlag, Zürich 1997. Alle Rechte vorbehalten S.Fischer Verlag GmbH, Frankfurt am Main.

HERMANN KESTEN · Ich bin der ich bin, S. 87; aus: Ich bin der ich bin. Verse eines Zeitgenossen. Piper Verlag, München 1974. © Hermann Kesten Erben. Abdruck mit freundlicher Genehmigung.

ADOLPH FREIHERR VON KNIGGE · Von dem Umgange unter Menschen von verschiedenem Alter, S. 135; aus: Über den Umgang mit Menschen. © Insel Verlag Frankfurt am Main und Leipzig 2001.

WILHELM LEHMANN · Auf den Tod von Sir Albert Morton's Frau, S. 118; aus: Gesammelte Werke in acht Bänden. Hg. v. Agathe Weigel-Lehmann u. a. Band 1: Sämtliche Gedichte. Hg. v. Hans Dieter Schäfer. © Klett-Cotta, Stuttgart 1982.

LIN YUTANG · Leben und Tod, S. 147; aus: Die Weisheit des Laotse. Aus dem Amerikanischen von Gerolf Coudenhove. © S. Fischer Verlag GmbH, Frankfurt am Main 1995.

Von der Kunst, auf anmutige Weise alt zu werden, S. 73; aus: Die Weisheit des Lächelnden Lebens. Aus dem Amerikanischen von W. E. Süskind. Insel Verlag Frankfurt am Main und Leipzig 2004.

FRIEDRICH NIETZSCHE · Die drei Verwandlungen, S. 13; aus: Also sprach Zarathustra, Insel Verlag Frankfurt am Main 1997; Die Lebensalter, S. 116; aus: Menschliches, Allzu Menschliches. Insel Verlag Frankfurt am Main und Leipzig 2000.

PLATON · Der Staat, S. 137; aus: Sämtliche Werke V, Politeia, 1.2.1. Insel Verlag Frankfurt am Main und Leipzig 1991.

FRIEDRICH SCHILLER · Epigramm, S. 72; aus: Werke und Briefe in 12 Bänden, Bd. 1, hg. v. Georg Kurscheidt. Deutscher Klassiker Verlag Frankfurt am Main 1992.

ARTHUR SCHOPENHAUER · Text und Kommentar, S. 138; aus: Sämtliche Werke in fünf Bänden, Bd. IV, hg. v. Wolfgang Freiherr von Löhneysen. Insel Verlag Frankfurt am Main 1963.

KUSHWANT SINGH · Bildnis einer Dame, S. 67; aus: Zwischen den Welten. Geschichten aus dem modernen Indien, hg. v. Cornelia Zetzsche. © Insel Verlag Frankfurt am Main und Leipzig 2006.

STENDHAL · Rückblick des Fünfzigjährigen, S. 150; aus: Gesammelte Werke, hg. v. Friedrich von Oppeln-Bronikowski, Bd. 7. Propyläen Verlag: Berlin o. J.

JONATHAN SWIFT · Entschließungen für mein Alter, S. 54; aus: Satiren. Aus dem Englischen von Felix Paul Greve. Mit einem Essay von Martin Walser. © Insel Verlag Frankfurt am Main 1965.

JUN'ICHIRO TANIZAKI · Tagebuch eines alten Narren, S. 133; aus: Tagebuch eines alten Narren. © Copyright 1961, 1962, The Heirs of Jun'ichiro Tanizaki / Chuokoron-Shinsha Inc. All rights reserved. Copyright für die deutsche Übersetzung von Oscar Benl © 1966 by Rowohlt Verlag GmbH, Reinbek bei Hamburg.

HITONARI TSUJI · Der weiße Buddha, S. 61; aus: Der weiße Buddha. Aus dem Japanischen von Ursula Gräfe und Kimiko Nakayama-Ziegler. © Piper Verlag München 2008.

SIEGFRIED UNSELD · Der Ginkgo, S. 42; aus: Ginkgo. Der Baum des Lebens. Ein Lesebuch. © Insel Verlag Frankfurt am Main und Leipzig 2003.

O. V. VIJAYAN · Der Flugplatz, S. 140; aus: Zwischen den Welten. Geschichten aus dem modernen Indien, hg. v. Cornelia Zetzsche. © Insel Verlag Frankfurt am Main und Leipzig 2006.

OSCAR WILDE · Körper und Seele, S. 11; aus: Aphorismen, hg. v. Frank Thissen. © Insel Verlag Frankfurt am Main 1987.

YOSHIDA KENKŌ · Betrachtungen aus der Stille, S. 100; aus: Betrachtungen aus der Stille, aus dem Japanischen von Oscar Benl. © Insel Verlag Frankfurt am Main und Leipzig 1991.

JOHN UPDIKE · Brief einer verwitweten Hexe, S. 29; aus: Die Witwen von Eastwick. Deutsche Übersetzung von Angela Praesent [S. 7-45: Maria Carlsson]. Copyright © 2009 by Rowohlt Verlag GmbH, Reinbek bei Hamburg.

Zengeschichten

Gudo und der Kaiser, S. 60; Keine Arbeit, kein Essen, S. 73, aus: Muju Ichien, Shaseki-shu, zitiert nach: Ohne Worte – ohne Schweigen. 101 Zen-Geschichten und andere Zen-Texte aus vier Jahrtausenden, hg. v. Paul Reps. Aus dem Englischen von Ulli Olvedi. Für die deutsche Fassung © 1976 O.W. Barth, ein Unternehmen der Droemerschen Verlagsanstalt Th. Knaur Nachf. GmbH & Co. KG, München.

Nan-quan, S. 147; aus: Jing-de Chuan-deng-lu, zitiert nach: Eine Zen-Weisheit für jeden Tag, hg. und übers. v. Dieter Rotloff. Für die deutsche Fassung © 2010 O.W. Barth, ein Unternehmen der Droemer-

schen Verlagsanstalt Th. Knaur Nachf. GmbH & Co. KG, München.

Der alte Zhao-zhou, S. 149, aus: Cong-rong-lu, Koan 47, zitiert nach:
Eine Zen-Weisheit für jeden Tag, hg. und übers. v. Dieter Rotloff. Für
die deutsche Fassung © 2010 O. W. Barth, ein Unternehmen der Droemerschen Verlagsanstalt Th. Knaur Nachf. GmbH & Co. KG, München.

Geschichten von Glückssuchern und Glückspilzen

Was ist Glück? Und wie finden wir es – oder findet es uns?
Ob Millionär oder Bettler, Kind oder Greis: Jeder sehnt sich danach. Was Glück aber ist, das muß jeder für sich alleine herausfinden. William Somerset Maugham, Katherine Mansfield, Alice Munro, Peter Handke, Zsuzsa Bánk und viele andere erzählen von zufriedenen, vergnügten, seligen und einfach glücklichen Menschen.

Einfach mal glücklich sein
Ausgewählt von Patrick Hutsch. insel taschenbuch 4032.
193 Seiten

Orte des Glücks

REIF FÜR
DIE INSEL
INSEL-GESCHICHTEN

Inseln sind Orte des Glücks. Capri, Sylt, Jamaika, Island, Kreta, Lanzaro-
te oder die Taka-Tuka-Insel: Bei über hunderttausend Inseln ist es nicht
immer leicht, die eigene zu finden. Die in diesem Band versammelten
Autorinnen und Autoren haben »ihre« Insel gefunden: Julio Cortázar,
Eva Demski, Robert Gernhardt, Judith Hermann, Patricia Highsmith,
Wladimir Kaminer, Cees Nooteboom, Robert Walser und viele andere.

Reif für die Insel. Insel-Geschichten
Herausgegeben von Susanne Gretter. insel taschenbuch 4007. 162 Seiten

Geschichten vom Rausch der ersten Liebe, vom Sehnen und Träumen

Eine zufällige Begegnung, eine Berührung, ein Blick, es hat gefunkt, wir sind verliebt, und nichts ist mehr so, wie es eben noch war.

Wie es sich anfühlt, wenn uns die Liebe überfällt oder wir sie wieder verlieren, davon erzählen die Geschichten von Clemens Meyer, A. L. Kennedy, Roberto Bolaño, Judith Hermann und vielen anderen.

Jetzt küss mich endlich!
Herausgegeben von Patrick Hutsch. insel taschenbuch 4016. 187 Seiten

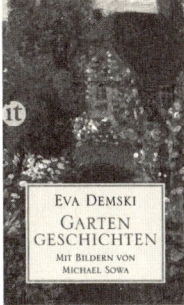

Hat der Garten uns oder haben wir ihn?

Auf vielerlei Pfaden geht Eva Demski in ihrem Buch dem besonderen Verhältnis zwischen Mensch und Garten nach, sie erzählt vom Glück des Gelingens und von der Erschaffung eines Stücks Himmel auf Erden.

»Er hat mich mehr als einmal gerettet, der Garten: die Dinge zurechtge-rückt, mich zum Lachen gebracht, wenn mir zum Heulen war. Er berei-tet mir Niederlagen, aber er tröstet mich, wenn die Welt mir welche be-reitet.«

»Schon lange nicht mehr war so ein anregendes, kluges und charmantes Buch über Garten und Gartenmenschen auf dem Büchermarkt.«
Frankfurter Allgemeine Zeitung

Eva Demski, Gartengeschichten
Mit Bildern von Michael Sowa. insel taschenbuch 4003. 235 Seiten

Joachim Ringelnatz

Warten auf den Bumerang
Mit Zeichnungen
von Robert Gernhardt

**Robert Gernhardt präsentiert
Joachim Ringelnatz**

»Ringelnatz vereinigt zwischen zwei Buchdeckeln, was immer ihm in einem bestimmten Zeitraum bedichtens- und berichtenswert erschien: Belachbares, Besinnliches, Bedenkenswertes, Bedenkliches und Bedenkenloses.«   *Robert Gernhardt*

Eine vergnügliche Auswahl, die nicht nur die Klassiker aus Ringelnatz' Werk versammelt, sondern auch einlädt, Neues und Überraschendes zu entdecken, herrlich illustriert von Robert Gernhardt.

Joachim Ringelnatz, Warten auf den Bumerang. Gedichte
Ausgewählt und illustriert von Robert Gernhardt. insel taschenbuch
4072. 96 Seiten

»Und jedem Anfang wohnt ein Zauber inne,
der uns beschützt und der uns hilft zu leben.«

»Bei Hermann Hesse fühle ich mich zu Hause. Seine Vorstellung vom eigenen Weg – das kam bei mir schon früh an. Keinem anderen Schriftsteller fühle ich mich so verbunden.« *Udo Lindenberg*

Hermann Hesse war ein Suchender. Sein großes dichterisches Werk, für das er 1946 den Nobelpreis erhielt, legt Zeugnis davon ab. Immer neue Leser in aller Welt lassen sich von seinen Gedichten faszinieren.
Dieser Band versammelt viele der schönsten und beliebtesten Gedichte von Hermann Hesse. Die vorliegende Auswahl wurde von ihm selbst, ein Jahr vor seinem Tod, zusammengestellt.

Hermann Hesse, Stufen. Ausgewählte Gedichte
insel taschenbuch 4047. Etwa 250 Seiten

Ungeduld des Herzens

Die junge Spanierin Inés Suárez wagt sich an der Seite des charismatischen
Feldherrn Pedro de Valdivia an die Eroberung Chiles. Mut und Leidenschaft sind ihre herausragenden Eigenschaften, auch wenn es darum geht,
ihre Liebe zu verteidigen und ihren eigenen Weg zu gehen.

»Ein Epos – und was für eines!« *Tages-Anzeiger*

»Eine der spannendsten Frauen der spanischen Geschichte und ein hinrei-
ßender Roman.« *Brigitte Woman*

Isabel Allende, Inés meines Herzens. Aus dem Spanischen von Svenja
Becker. insel taschenbuch 4004. 394 Seiten

Eine Liebe, rauh und wild

In der Abgeschiedenheit der rauhen Moorlandschaft Yorkshires spielt die dramatische Liebesgeschichte zwischen Catherine und ihrem Adoptivbruder Heathcliff. Als sie sich gegen ihr Herz entscheidet und einen anderen Mann heiratet, verstrickt sich der aufbrausende Heathcliff durch seine Eifersucht und Rachelust in einen unaufhaltsamen Strudel aus Leidenschaft und Zerstörung …

Emily Brontë, Die Sturmhöhe. Roman
Aus dem Englischen von Grete Rambach. insel taschenbuch 4018.
454 Seiten

»Eine wunderbare Mischung aus
Humor, Gefühl und Atmosphäre –
ein Meisterwerk.« *Elle*

Chenia Arnow ist eine einfache Frau, abergläubisch und ein bißchen
melancholisch; vor allem aber hat sie Witz, Verstand und Courage. Das
ist keine schlechte Mischung, um mit dem fertig zu werden, was ihr das
Leben bietet: die eigenwilligen Kinder, die ungewollte Schwangerschaft,
den temperamentvollen, treulosen Ehemann und den reizenden Harry
...

»Beim Lesen des Buches war ich hin und weg. Und das kann man ruhig
wörtlich nehmen. Ich fühlte mich hingezogen zu dieser einfachen,
starken Frau, bin reingerutscht in ihr Leben, in ihre unglückliche Ehe, in
die vielen Enttäuschungen und das unverhoffte Glück. Hin und weg –
ein Kinofilm, der beim Lesen im Kopf abläuft.« *Christine Westermann*

Carole Glickfeld, Herzweh. Roman. Aus dem Amerikanischen von
Charlotte Breuer. insel taschenbuch 4022. 438 Seiten

Idwal Jones
DIE STERNE VON PARIS
Ein Roman der kulinarischen
Abenteuer

Die fabelhafte Welt des Jean-Marie

Eigentlich will Jean-Marie zur See fahren. Aber dann improvisiert er für eine englische Baronin eine Mahlzeit. Und die trägt ihm eine Empfehlung an ein altehrwürdiges 3-Sterne-Restaurant in Paris ein. Dort tafeln Aristokratinnen und Anarchisten, große und kleine Ganoven, Mätressen und Maharadschas. Noch interessanter geht es aber in der Küche zu – hier begegnet Jean-Marie der wahren Liebe seines Lebens.

Köstlich und leicht wie ein Soufflé, lebensklug und witzig wie ein Tischnachbar im Paradies: die Geschichte eines jungen Mannes, der nach Paris kommt und dort leben, lieben und kochen lernt – nur nicht in dieser Reihenfolge.

Idwal Jones, Die Sterne von Paris. Ein Roman der kulinarischen Abenteuer. Aus dem Englischen von Andrea Fischer.
insel taschenbuch 4021. Etwa 230 Seiten